자연 그리고 어머니의 사랑

박정미 수필집

자연 그리고
어머니의 사랑

창조문예사

 머리말

  나는 어린 시절 대자연의 풍부한 혜택을 누리며 살 수 있었다. 외진 바다였기 때문에 오랫동안 청정지역으로 보존되어 왔다. 반면 그런 환경을 극복해야 하는 어려움들은 고스란히 공포심으로 다가왔다. 외로움 속에 내몰린 유년 생활은 늘 나의 존재에 대한 궁금증이 커져 갔다. 사람은 무엇을 위해 살며, 사람은 어디로 와서 어디로 가는지가 어린 나의 생각을 점령하고 있었다.

  할머니와 어머니의 고된 삶을 목격하면서, 특히 어머니의 부지런함과 가족에 대한 책임과 헌신은 초등학교 2학년쯤 나의 꿈을 분명하게 해 주었다. 반드시 소설가가 되어서 어머니의 삶을 글을 통해 그 목소리를 알리고 싶었다. 그 후 서울로 전학을 오면서 중학교 윤리 교과서에 실린 무명용사의 죽음에 대한 굵고 짧은 인생이라는 글을 읽고 삶의 가치를 헤아리게 된다. 피천득 선생님의 글과 황순원 선생님의 「소나기」를 대할 때 그 맑고 순수함은 신선한 바람으로 다가왔다. 그리고 톨스토이의 글을 대하고 막연하지만 사람이 살아가는 이유를 알게 되었다. 톨스토이를 통해 문학작품 속에 큰 힘이 있음을 보게 되었다.

  그때 당시는 많은 문학작품을 읽는다는 것이 쉬운 일이

아니었다. 그러나 그 짧은 만남에도 불구하고 글이 주는 큰 위안을 누리게 되었다. 고등학교 3학년 때는 알렉스 헤일리의 『뿌리』라는 책을 읽으면서 인생이 어디서부터 시작되었는지의 갈망을 찾아가는 여정에 큰 감동과 동정을 느끼게 되었다. 유사한 번민을 해결하는 주인공의 집념과 불굴의 의지는 큰 자신이 되어 주었다. 그리고 마침내 나는 하나님을 믿게 되고 목회자의 길을 가게 되었다. 성경의 말씀을 통해 예수님께서 나는 어디로부터 와서 어디로 가는지 안다는 구절에 큰 충격과 함께 길을 찾았구나 하는 안도를 하게 된다.

여전히 그 길을 찾아가던 중 기독교신문의 편집국장인 최규창 시인을 통해 수필가로서의 길을 안내받게 되었다. 최 시인의 은사이신 황금찬 선생님과의 만남 속에서 신을 사랑하는 사람들의 마음을 배우며 인생의 답을 찾아가면서 20년 동안 써온 글을 이제서야 내놓게 되었다. 인생에서 얻은 작은 성찰을 통해 지인들과 교제하며 그리고 나를 품어준 자연과 어머니의 사랑에 이 책을 헌정한다.

2022년 12월 20일
박정미

 차례

머리말   4

1부 · 글의 소리

바닷가의 어린 보호자   12
지갑 속의 얼굴   18
사람의 산을 사랑하는 일   26
봄의 자존감   31
동정심이 절실한 사회   36
하늘을 걸어본다   40
황금찬 선생님께 드리는 편지   45
7월 태양을 향해 걷는다   53
8월   58
마음의 나이테   66

2부 · 자연의 소리

환원, 그 아름다운 회복	72
사랑의 씨앗을 뿌리며	80
봄의 소리, 천상의 소리	86
팬지꽃, 분수대, 피아노, 클래식 음악이 흐르는 학교	92
마음의 정원에 핀 수국	99
8월의 노래	105
9월, 코스모스를 닮은 가을 하늘의 물결	113
겨울잠에서 깨어나기	119
봄의 소리	126
순백의 꽃들이 지고 나면	133

3부 · 어머니의 목소리

자연과 함께 문명의 길을 가다	142
대자연의 굴레와 인간의 성숙	148
추운 겨울이면 더 뜨거워지는 어머니의 사랑	153
하늘과 산과 바다가 맞닿은 고향	159
천국의 맛과 향기	166
아버지, 어머니 그리고 선생님	171
바다에서 건진 천년의 보물	178
어머니라는 의자를 생각하며	184
바다의 정원	190
하늘 바다의 그리움	197

4부 · 신앙의 소리

참된 감사의 찬미	206
마음과 말과 시가 익어가는 가을	212
그리스도인이 감사로 가는 길	219
그리스도인의 감사생활	224
죽음이 가져온 영원한 삶	228
사랑의 탄생	233
영적인 노동이 필요한 때	237
하늘에 감사	242
또 하나의 별이 지고	246

1부

글의 소리

2003년 『믿음의 문학』에 수필로 등단한
글의 소리에 귀를 기울여본다.

바닷가의 어린 보호자

 방안의 어둠은 등잔불로 밝히고, 마루의 어둠은 남폿불로 밝히던 때의 이야기다. 제사가 있는 날 밤엔 값비싼 촛불들이 밝혀졌다. 환한 대낮 같아서 어둠이 무섭지 않은 정말 좋은 밤이었다. 밤 12시가 되면 제사상이 방 하나에도 부족해서 건너방까지 차려지고 상마다 촛불을 밝혀 두는데 얼마나 환했는지 모른다. 제사가 끝나면 알록달록한 사탕 하나 얻어 먹으려고 기다리다가 늘상 잠이 들곤 했다.

 바닷가의 밤은 횃불을 밝혀 들고 양식을 구하기 위해 돌 사이를 더듬거나 그물을 살피기도 한다. 그러한 밤에 어른들 뒤를 따라 나서거나 엄마 등에 업히면 어둠이 내 등 뒤에만 따라왔다. 어둠의 손이 금방이라도 나를 암흑으로 데려갈 것만 같았다. 큰 돌을 들어 올리며 묵게를 잡는 마을 어른들의 기쁨에 참여하는 것도 어둠이 주는 큰 공포에 짓눌리는 일이었다.

칠흑 같은 밤을 등잔불로 쫓아내는 방안에서 졸음에 쓰러질 때쯤 밖에서 누군가 부르는 소리가 들리곤 했다. '아무개 있느냐?', 아니면 '아주머니!' 하면서 어머니를 부르는 참 정다운 목소리가 들린다. 첩첩산중, 밤바다의 파도소리도 쓸쓸하게 들리던 여자 셋만 사는 한적한 초가집에 남자의 음성을 듣는 것만 해도 두려움은 금방 사라지게 했다. 하지만 그 뒤에 떨어질 엄청난 책임감은 으레 내 몫이 되는 부담감을 안겨주었다.

아버지는 일본에 유학을 가셨고, 중학교를 다니던 오빠도 외지로 떠나 우리 집은 여자 셋만 남았던 때였다. 유일하게 의지가 되는 작은 아버지는 1시간쯤 걸리는 산 너머에서 염전 감독으로 일하고 계셨다. 고된 하루의 일과를 마치고 바닷가에 술을 마시러 오셨던 작은 아버지는 그만 시간 가는 줄을 모르고 계셨던 것 같다. 그 밤에 산을 넘어 작은댁으로 가자니 겁이 나고, 늦은 귀가로 인한 작은 어머니와의 관계까지 생각하면 나의 동행이 필요했던 것이다. 밤중에 산을 넘는다는 것은 장정들에게도 쉽지 않은 길인데, 이 몫이 종종 내게 돌아왔다. 이런 사연으로 인한 작은 아버지와의 동행이 시작된 것은 아마도 일곱 살에서 아홉 살로 기억된다. 그때 시절만 해도 산에서 도깨비를 만난 사람들이며, 사람의 간을 빼먹는다는 이야기와, 귀신에 얽힌 야기들이 무성하던 때였다. 소심했던 나는 '싫다'는 소리를 해 본 적이 거의 없었다. 어릴 적부터 어떤 어려운 명령이나 요구에 내 의지대로 거절할 수 없었다. '싫어요', '안되요'라는 단어를 모르는 사람처럼 표현력이 약했다. '무서워서 갈 수 없어요', '싫어요'라고 한 번만 거절했어도 그리고 그 거절이 받아들여질 상황이었다면 큰 고통을 피할 수 있었을 것이다. 종용하는 상황에서 거부하는 나의 태도만으로는 작은 아버지의 손길을 벗어 나기란 소용없는 일이었다. 절대로 포기하지 않는 작은 아버지는 결국 어린 조카를 데리고 그 어둔 밤에 산 등성이를 넘어가셔야 했다.

작은 산을 지나 모래산 언덕을 올라가노라면 소나무가 몇 그루씩 줄 서 있다. 좌우 소나무 숲 산이 있고 가운데 길엔 나무 하나 돌 하나 없는 높다란 모래 언덕일 뿐이다. 그 언덕을 술이 취하신 작은아버지와 넘노라면 식은 땀이 나고 머리는 하늘로 올라가고 온 몸은 경직된 채 소스라쳐지는 상황을 수없이 견뎌야만 했다. 아무 소리나 안 하시면 다행인데 모래산 언덕에 올라서면 시작되는 이야기가 있다.

어린 기억에는 꼭 사막을 연상케 하는 환경이었다. 모래산 언덕에 서면 500미터 떨어진 바다에서 불어오는 밤바람이 내 온몸을 휘감을 때의 소름돋는 기분은 죽음 같은 느낌을 주었다. 그런 스산한 분위기 속에서 결정적인 작은아버지의 똑같은 소리가 시작된다. 그 자리 그 장소를 지나가노라면 어김없이 나오는 귀신이야기이다. "아무개야! 너 오른쪽 소나무 옆에 귀신 보이냐?" 하는 내용으로 시작해서 다섯 명의 귀신이 상여를 메고 가는 것을 사람들이 봤다는데 지금 내 눈에도 보이느냐는 식의 괴이한 이야기를 어린 조카에게 계속 추궁하는 것이다. 어쩌면 그토록 무서운 이야기를 공포가 밀려오는 장소에서 어린 조카에게 물어볼 수가 있을까? 그 순간 난 금방이라도 다리가 마비되어 멎을 것 같았다. 어떤 힘에 의해서 사라질 것 같고 어둠의 입이 나를 삼킬 것 같은 두려움이 엄습했다.

그 무서운 모래산을 뒤로하고 내리막길에 어둠이 더 짙어지면 한참을 지나 염전 둑길로 들어선다. 나의 걱정은 두어 가지가 더 늘어난다. 비틀거리는 작은 아버지가 염전 뚝방 길에서 넘어지지나 않을까 하는 것이다. 다른 하나는 넓은 염전 끝에 위치한 집이 보이기 시작하면 작은어머니를 불러야 되는 일이었다. 우리가 가고 있는 것을 신호라도 하듯이 작은 어머니를 안심시키려는 배려 차원인 것이다. 염전을 다 지나면 높다란 바다를 가로막은 제방 위에 올라서서 수문이 있는 곳에 이르면 수문에서 들리는 물소리만도 세계 최대 폭포수의 용량만큼 들리는 법이다. 수문을 지나 40미터쯤 가면 따뜻한 불빛이 비치는 작은 집에 들어서면 늦은 귀가의 문제는 나로 인해 다소 누그러지는 소리를 귓가로 들으며 죽음에서 빠져 나온 안도감과 함께 천국 같은 잠이 들었다. 그리하여 난 오히려 작은아버지의 보호자 노릇을 어릴 적부터 해온 셈이다. 나 같은 어린아이도 종종 동행자로서 화평을 도모하는 역할을 해온 그 시절이 애틋해진다.

그때 작은 아버지가 등에 나를 업어주고 풀피리를 불어주고 귀여워해 주고 동무가 되어 준 기억은 아직도 가슴에서 뜨거운 그리움을 일으킨다. 지금은 서둘러 이 세상을 떠나가신 분이시다. 살아 있을 때도 늘 보고 싶은 분이었다. 작은 아버지와 나눈 정은 가까이서 나누지 못한 아버지의 정을 대신해 주셨기에 그리움과 감사의 대상이 되었다. 괴롭더라도 기꺼이 그 분의 동행자가 다시 되어주고 싶다. 그 무서운 산을 넘자면 기꺼이 동행해 드리면서 이번에는 내가 먼저 이야기를 하며 그 분을 위로하고 싶다. 이제는 이러한 경험과 아쉬움은 누군가를 향한 발걸음이 되었다. 나의 이웃을 향한 마음과 민족의 동행자가 되려는 작은 애국의 마음들도 다 이때 싹튼 것이다. 그 분이 그립다.

- 『믿음의 문학』・2003년 가을호

지갑 속의 얼굴

한 외국인이 지갑을 꺼내어 신분증을 제시하는데 그 펼쳐진 지갑 안에 단란한 가족사진이 들어 있었다. 왜 그렇게 그것이 부요하고도 행복한 자산처럼 보이던지, 그 사람의 멋과 품위에 그만 놀라움을 금치 못했다.

지갑 속에는 돈을 보관하는 줄 알았는데 그 속에 가족사진이 들어 있다는 것은 그냥 감동이었다. 모든 것을 가진 행복자로 느껴졌다. 그 후 나는 지갑 사랑에 빠지게 되었다. 지갑 속에 돈보다 가족사진이 들어 있다는 사실이 얼마나 부요하고 행복한 느낌을 가질 수 있는가 라는 생각이 떠나지 않았다.

유행을 따라 새 제품으로 교환하고 싶은 것이 지갑에 대한 관심으로 커져갔다. 원하는 지갑을 손에 넣을 때까지 지갑은 늘 허름함을 면치 못했다. 간혹 내 손 안에 들어온 두서너 개의 지갑을 가지고 다니다가도 쉽게 다른 사람에게 주고, 가장 허름한 지갑을 가지고 다니게 된다. 그것은 내 소용에 꼭 필요한 지갑이 나올 때까지 기다리기 때문이다. 그런데 몇 년이 흘러도 내 맘에 꼭 맞는 지갑을 소유할 수가 없었다. 전문 디자이너에게 맡기지 않는 이상 브랜드에서 내가 찾는 그런 지갑을 쉽게 찾을 수가 없었다.

그러던 중 다행히 그 비슷한 지갑 하나를 백화점 세일 중 2만 5천 원에 얻게 되었다. 최고의 만족은 아니더라도 몇 년은 지갑에 대한 탐색은 누그러지게 되었다. 지갑의 구조를 보면 투명 비닐 칸이 있다. 이 투명 비닐 칸에는 신분증이나 카드 혹은 소중한 사진을 잘 끼워 간직하기에 알맞은 것이었다. 좀 아쉬운 것은 이런 비닐 칸이 몇 개 더 있으면 좋겠다는 생각이 들었다. 그러한 지갑을 구하게 되면 사랑스러운 가족사진을 지갑에 보관하는 하찮고도 이 작은 꿈이 마치 그 외국인에게서 느꼈던 품위와 부요함을 가져다 줄 것이라고 생각해 왔던 것이다. 이러한 이상한 생각은 오랜 동안 작고 하찮은 꿈이 되어 주었다. 지갑 속에는 돈과 신분증을 챙기면 그만인데, 왜 사진을 보관하고 싶었는지 알 수 없는 마음이 커갔다.

아마도 나는 돈이 주는 평안함으로 나의 어떤 마음들이 채워지지 않다가 어느 외국인의 지갑 속에 든 가족사진을 본 순간 나의 마음을 채워준 계기가 된 것 같다.

지갑 속에 돈이 많거나 적거나 그 속에서 사랑하는 사람의 얼굴을 간직하여 얻는 행복감은, 부에서 얻을 수 없는 평안을 얻고자 했던 것이다. 돈을 쓸 때도 그 사람을 생각하며 절약도 하며 혹은 꼭 써야 될 때도 함께 감사하는 마음을 더하는 기분이 들 것이다. 돈이 많은 지갑보다 사랑하는 사람이 들어 있는 지갑이라서 소중히 아끼고 귀히 돌보는 마음을 지갑에 넣을 수 있다는 생각을 한 것 같다. 지갑을 열면 꼭 돈 때문에 좋은 것이 아니라 그곳에 사랑하는 사람의 사진이 있기 때문에 항상 즐거움이 더한 것이고 기분 좋게 하는 일이 되어 주었다. 신분증 외에 또 다른 비닐 칸을 섬세히 제작해 내놓은 그 브랜드가 참 고맙고 감사할 수가 없다. 사랑하는 사람 혹은 가족의 일들을 소중히 간직하고픈 것은 내 생명에 대한 유한성을 유지하려는 발로일까?

현재는 지갑 속에 『압록강은 흐른다』의 저자 이미륵 선생의 사진을 깊이 간직하고 다닌다. 일제 강점기에 암울한 조국을 피해 멀리 독일에 가서 어머니와 조국의 정서를 잊지 못해 일생을 독신으로 향수병을 앓으며 독일 문단에 한국의 정서를 백설로 뿌려놓은 작가이다. 한 문장 한 문장 읽어 가노라면 이미륵 선생의 고독과 슬픔이 내 가슴에 그대로 젖어 들어와 그를 외면하고 모른체 한다는 것은 내 살덩이를 수치로 여기는 기분이 들었다. 고뇌하는 얼굴, 조용히 떨구어진 선생의 얼굴을 책상 앞에 걸어 둔 것을 이제야 지갑 속에 간직한 행복은 그에 대한 예의 같은 것이다. 마치 죄인처럼 그리운 고향으로 갈 수 없는 운명은 독일이 삶의 터전이 아니라, 유배지 같은 고독으로 날이 갈수록 견딜 수 없게 한 것 같다.

동서양 문명의 차이 속에서 명암이 더욱 뚜렷해진 한국 고유의 색깔을 그리움으로 노래한 것이다. 그것이 독일인들의 마음에 신선 세계의 바람과 물결처럼 경이로운 동정을 일으킨 것이다. 몸은 독일의 환경 속에 묻혀서 동양 유년시절의 삶을 이어가려는 고뇌가 작품이 되어 고향으로 향한 길을 만들어 간 것이다. 지금은 이미륵을 찬미하는 많은 사람의 덕분에 그의 글이 보전되어 독일과 한국을 연결시키는데 문학이라는 이름으로 아름다운 가교 역할을 하게 된 것이다. 나의 찬미는 비록 보잘 것 없는 것이나 압록강이라는 강줄기에서부터 시작된 그리움과 고향의 삶을 구도자적인 자세로 과거로 걸어가고 있는 모습에 대한 연민 정도에 불과한 것이다. 끝내 고향에서의 계획과 그의 미래는 이루어지지 못한 채, 식물원처럼 식물이 많았던 그의 방에서 한 발자국도 고향으로 내딛지 못한 채 숨을 거두고 만다.

"스스로 어디를 가는가를 묻고 스스로 고향으로 가는 길"이라고 대답했다는 낭만주의 작가 노발리스처럼 고향으로 가는 길을 가고 있었던 것이다. 그가 그처럼 사랑하고 그리워했던 조국이건만 우리들은 품격 없이 살아가는 건 아닌가? 이 민족과 땅은 사랑하고 아끼는 자들의 것이 아닐까? 진정한 주인들은 사랑한 사람들이어야 할 것 같다. 그는 삶 속에서 고향이라는 과거와 돌아갈 미래의 세계를 넘나든 숨가쁜 호흡이었던 것이다. 그의 글을 읽노라면 가슴 한 구석에 오만의 때가 떨어져서 생채기가 아물고 깨끗해지는 치유와 함께 고통의 맛을 보게 된다. 그의 글을 통해 깊은 고독이 전염되어 함께 한국의 고향을 그리는 마음으로 친구를 얻은 노력이 내겐 싫지 않다. 종종 현실 속에서의 친구보다 과거에 호소력을 가진 사람들을 사귀는 재미와 그 깊이가 참으로 묘한 것이다. 마치 살아 있듯이 그립고 어루만져지고 그들의 정령을 호흡

하듯 그들과 맑은 혹은 괴로운 공기를 함께 호흡하는 느낌인 것이다. 그를 대신하여 그의 그리운 미래를 실현할 수만 있다면 더욱 흡족할 것이다.

요즘은 몰트만이라는 신학자와 사귀어 보려고 그의 글을 이해하고 애쓰는 것은 새로운 교제가 마음을 사로잡고 있다. 그의 글을 읽으면 신학적 차원에 불이 옮겨질 것 같은 소망을 가지고 있다. 쉽게 되리라는 믿음보다는 애정을 가지고 다가가는 중이다. 그 외에 톨스토이라는 작가와의 만남을 통해선 얼마나 나를 진실되고 깨끗하게 하는지 모른다. 이러한 귀한 친구들이 없다면 난 삶의 가치를 어디에 두어야 할지 몰라 방황했을 것이다. 그러나 이제 난 뜻밖에도 저만치 미래로부터 오는 사람이면서 새 세계를 대변하는 발자국 소리에 귀를 기울이고 싶다. 예정된 미래의 사람을 사귀는 것은 불가능한 것일까? 결코 아니다. 소망의 사람은 특별한 세계로의 전진을 가져다 줄 것이다. 모든 이에게 축복된 길이 되는 평화와 사랑의 사람으로 오고 있는 것이다. 평화의 발걸음은 사랑의 기운으로 우리 곁으로 몰려오고 있는 것이다.

"어서 오세요. 미래의 사람이여! 고귀한 사람이여! 준비된 사람이여! 영원히 찬미해 드릴 것이니 오세요. 이 민족이 나아갈 미래요 앞장선 자여! 온 세계가 갈망하는 한국이 되도록 완전한 미래의 새로운 진행이여! 인류가 함께 거할 평화의 처소로 인도할 사람은 우리 모두가 사랑하는 미래의 대표자일 것입니다."

손님이 찾아오지 않는 가정처럼 무미건조할까! 오기로 된 사람 하나쯤, 기다리는 사람 하나쯤 나와 가정과 민족에게 없다면 잔치도 없는 셈이다. 내가 기다리는 사람이 이 민족이 기다리고 인류가 기다리는 동일인이라면 그 축제를 인류가 함께 즐길 수 있는 것이다.

우리가 기다리며 찬미하는 미래는 평화의 길과 삶을 사랑하는 길로 안내할 것이다. 온 인류에 새로운 희망의 깃발을 세우는 일이 한국에서 준비되기를 원하게 된다. 이 나라를 사랑했던 사람들의 신음소리를 통해서 이러한 꿈을 꾸게 된 것이다.

오늘도 지갑을 여니 빼앗긴 자신의 고향과 나라를 사랑하여 죽어가던 한 사람이 고객 숙인 채 말을 건넨다. 그가 사랑한 조국을 세계인의 나라로 세울 미래의 또 다른 사람을 이 지갑 속에 간직하고 싶다. 톨스토이를 사귐은 사랑의 세계를 건설하려는 영원한 신성이 그에게 있기 때문이다. 문학을 통해 인간이 살아가는 데 필요한 것은 타인의 관심과 사랑이라는 정답을 내린 유일한 사나이가 될 것이다. 나는 이 작가의 대발견에 무한한 평화를 누린다. 그로 인해 사랑의 길을 가는 세계는 지금 바쁜 일정을 보내는 셈이다. 세련된 민족이 부를 노래의 악보엔 사랑의 음표가 가득할 것이다.

– 『믿음의 문학』 · 2003년 가을호

사람의 산을 사랑하는 일

 얼음같이 차가운 겨울 산을 가까이 다가가기엔 망설여진다. 눈바람을 맞으며 오른다 해도 거절당하기 쉽고 미끄러져 당할 상처를 어떻게 감내하고 치료할 것인가? 어쩌면 다리 하나쯤 잃어버릴 수도 있다. 그 이상의 위험이 닥칠 경우 생명을 내어줄 상황에 이를 수도 있다. 등반가들은 세계적인 명산을 정복할 때마다 불가능할 것이 없는 도전정신과 그 민족의 저력을 보여주기도 한다. 간혹 그들이 오르던 산에서 실족되거나, 동사하는 소식을 접할 때, 육체를 잃고 정신마저 호소력을 잃어버린 것 같아 내 마음마저 정리되지 않을 때가 있다.

 그러나 인생을 사는 동안 배워둔 원칙이 있다. 잃을 것이 있다면 반드시 얻을 것이 있다. 잃을 때 아까워하지 말자. 애써 지키려 하다가 다른 것까지 손해 볼 수 있다.

머리 터럭 하나까지도 내 몸에서 빠져나가는 것을 안타까운 심정으로 바라볼 때가 있다. 당연히 배출될 것이 배출되는 용변쯤이야 어느 누가 아까워하겠는가? 배출될 것이 빠져나갈 때는 누구든지 '시원하다'라는 쾌감을 맛보게 된다. 고정관념이나 자신만의 경험 등을 쉽게 버리지 못한다는 것은 새로운 것을 용납할 수 없어 답답함이 지속될 뿐이다. 우리 삶 속에서 버려야 할 것을 내 것인 양 가지고만 있다면 경제적, 정신적으로 순환이 멈추고 과거 속에만 거할 뿐이다. 그에게 오늘은 여전히 어제의 생각과 이해와 경험이 중요할 뿐이다. 오늘의 이해나 경험을 새롭게 자신을 변화시킬 중요한 요소로 작용하지 않게 된다.

버리고 얻을 수 있는 삶의 원리는 그리 쉬운 것은 아니다. 모두가 계산 착오가 생겨 버릴 것보다 얻을 것의 급급함 때문이다. 이럴 때 뜻밖에 갈등하는 산이 솟아나 앞길의 장애요소로 등장한다. 넘어야 될 산이 장애로 다가온다면 혹독한 시련을 통해 잃고 얻음의 원리를 터득하면서 극복할 수밖에 없다. 그래도 얼마나 다행스러운가? 과거로부터의 탈피며, 묵은 경험과 찌꺼기 같은 하찮은 자신의 존재를 과감히 벗어던지고 산을 넘는 동안 새로운 자신으로 탄생할 수 있다. 험준한 산을 오르는 동안 내 체면이나 자존심을 지키려고 한다면 영원히 정복할 수 없는 가파른 절벽으로만 남게 된다. 산을 사랑하는 마음을 가질 수 있다는 것은 중요한 일이다. 자신에게 다가올 상처도 감내하고, 노력이 헛되이 돌아와도 외면에 대한 수치심도 받을 준비가 될 때 산을 사랑하게 된다.

  이러한 사랑은 절박하고 쓰라리다. 자신을 다 허물고 내어 주는 사랑이며 그런 자신의 모습에도 개의치 않을 때 아무도 정복할 수 없는 자신을 얻게 된다. 잃어버리는 것에 대한 기쁨은 새로운 자신을 얻는 데 있다. 행복을 주는 산도 있지만 갈등하게 하는 산도 있다. 갈등하게 하는 산은 현재의 나 자신의 자아를 아낌없이 무너뜨린다. 형편없는 모습으로 드러나며 무력감마저 느끼게 해 준다. 이 산을 피해 갈 다른 방도가 없다고 하여 나 자신의 견해로 그 산에 굴을 뚫고 지나갈 수도 없다. 그만한 의지력도 관념도 뛰어나지 못하다. 그 산을 송두리째 옮겨 평지를 만들 만한 무력이 내게 있는 것도 아니다. 오직 예전의 나 자신을 무너뜨리고 새로운 자아로 일어서는 길 외에는 난 모른다. 그러한 나는 예전의 나와 전혀 다른 모습이다. 악이 없고 악을 모르는 사람으로 태어나는 데 있다. 원망하지 않고 용서하는 자로 살아가는 데 있다. 지금의 나를 잃기 두려워 떠는 것은 내 앞을 가로막는 산이 주는 위협이다. 두려움이 없는 사람으로 태어나는 것은 지금의 나를 버리는 길뿐이다. 요동하지 않고 내 길을 달려가 그 산의 영향권을 벗어나 저 푸른 바다에 이르거나 저 하늘 높이 오르는 길이다. 때론 업어야 될 산이 많을 때도 있다.

오늘 내가 넘고자 하는 산은 꽃이 피고 새소리 가득한 꿈같은 산이 아니다. 독설과 분노와 비난의 가시를 키우는 사람의 산이다. 오해와 미움이 가득한 사람의 산을 무엇으로 뛰어넘을까? 나를 버리지 않고는 이 산을 넘어 한 발자국도 전진할 수 없다. 그 산에 갇혀 영영 길을 잃고 방황하여 그 무서운 독설과 미움에 쌓여 자신마저 독으로 번질 수 있다. 이 차가운 비난의 바람 가득한 산을 넘는 길은 자신을 거기에 그대로 버려두는 데 있다. 비난받는 나를 잃어버리고 새로운 나를 건축하는 길은 "용서와 이해심으로 자라가라"고 수없이 스스로에게 말해 줄 뿐이다. 두려움과 후회 가득한 내 그림자가 끝없이 따라올지라도, 새로운 자아로 피할 수 있어야 한다. 지금의 내 모습에 만족할 수 없다. 나를 미워하는 자들로 인해 더 나은 나를 얻음으로 잃을 것이 아무것도 없게 된다. 친구라는 산을 넘어야 되며 부모라는 권위와 기대감의 산을 넘게 될 때, 또 다른 자신이 우뚝 서 있게 된다.

  이해라는 우물과 용서라는 생수 없이 인정사정도 없어 보이는 사막 같은 산을 지나 다른 세계로 나갈 수 없다. 오늘이 있는 동안 이해와 용서라는 동행자를 구하거나 만들 수 있다. 안타까운 심정이 되어 위로와 복을 빌어 주는 마음을 가지게 되면, 두려움의 산도 친근해지는 법이다. 넘어야 될 산은 내 곁에 있는 사람이다. 사람이라는 산을 오를 때는 동행자 없이는 너무 힘든 일이다. 사랑과 용서, 존경과 친근함이라는 동행자가 필요함을 배우게 된다.

– 『믿음의 문학』・2006년 여름호

봄의 자존감

 신록의 계절이 오기 전에, 삭막한 추위를 이겨낸 봄은 승자들의 모습으로 시작한다. 봄의 계절에서 인생의 목표를 향한 출발점을 배운다. 그들은 어디로부터 봄의 축제를 대지 위에 펼칠 수 있었을까? 생명의 약동이 전혀 느껴지지 않는 환경에서였다. 각 사람에게도 인생의 겨울은, 봄의 축제를 위한 묵상의 순간으로 살라는 자연의 계시요, 한편의 메시지이다. 참고 견뎌야 하는 수치와, 지혜와 지식의 헐벗음에 굶주려 보고, 오직 홀로 서 있어야 되는 그 순간만이, 자신을 위한 진정한 생각을 싹 틔운다.

 인간은 타인의 은혜로움과 상호관계성의 풍요함을 누리며 상대적인 사람으로 살아갈 수 있다. 그 유기체적인 관계가 박탈되고 공동체에 아무런 도움이 되지 못하는 순간을 맞이할 때가 있다. 한 공동체에 필요한 영향력을 발휘할 수 없는 불완전한 자신을, 많은 부분이 결여된 그 순간이 올 때 스스로 도태된다. 이러한 순간, 절망이라는 어둠 속에서, 자기 자신만이 끌어내야 될 지식과, 그 많은 묵상들만이 새로운 세계를 향한 뿌리가 되어 줄 것이다. 사상의 뿌리가 없다면, 오랜 세월 자신을 무엇이 지켜줄 것인가? 무가치한 자신의 존재에서 스스로 자존감을 회복하고, 살아가야 될 긍지, 그것을 찾게 될 때, 모든 사람은 진정한 아름다움을 지니게 된다. 자기 자신을 인정하는 자존감을 통해 자신을 귀중히 여기고, 자신만의 삶을 힘껏 살라고 한다.

이 메시지는 봄의 여신들이 들려주는 음성이다. 아직은 온 대지가 신록으로 옷을 입고, 모든 준비가 갖추어져 생명의 신비감을 드러내주지 않을 때이다. 조금은 어수선하여, 갈 바를 알지 못한 채 옳고 그른 삶의 저울추도 없어 보인다. 정직과 공의는 문자로만 존재한 채 마음과 행위는 아직 무엇을 의미하는지 경험이 없는 상태와 같다. 지구온난화로 인한 '기후난민'이 발생하여 고향을 잃어감을 실감케 하듯, 2008년 봄의 황사는 갈수록 심해간다. 그러나, 누구의 도움도 없이, 향기와 꽃잎으로만

이 우리 곁에 다가와 용기와 도전을 심어주고 자태를 뽐내는 그녀들은 분명 봄의 꽃들이다. 푸르른 녹색 잎을 빌려 자신을 드러내지 않는다.

이른 봄에 피는 모든 꽃은 오직 진달래로부터, 개나리, 목련…… 자신의 모습으로만 나온다. 오직 인고의 세월 속에서 자신을 버리지 않은 채 자기 자신을 존중할 줄 아는 힘으로만 버티고 일어선 것이다. 그 자존감의 뿌리는 가지를 내고 꽃봉오리를 감추고 있다가 스스로의 존귀함을 드러낼 뿐이다. 초록이라는 배경을 필요로 하지 않았다. 그 누구에게서 인정되기 전에 스스로가 자기를 인정하고 받아들인 것이다. 그 자체가 존귀한 생명체를 인정하고 보존하여 자기 자리에 서 있음을 배우게 될 때 그 위대함은 시작된다.

우리에게 부족함은 무엇일까? 질병이 오래되어 마치 염색체의 유전인자처럼 따라다니는 게 있다. 우리 자신, 우리 민족에게는 자존감이 부족하다. 우리 고유의 문화유산에 가치 있는 정신적 산물들이 많음에도 불구하고 부끄러워했고 멀리했다. 참으로 안타까운 것은, 자신에 대한 자긍심 부족이다. 이로 인해 내 가정, 내 부모, 내 자녀, 내 직장, 나의 나라……에 관하여 자존감이 결여된 채 살아간다. 내 자녀의 특질보다 다른 자녀들처럼 먹이고 입히고 가르쳐야만 되는 불안감에 시달린다. 내 부모의 살아온 삶보다, 타인의 삶이 아름답고, 존경스러워 보인다. 그러다 보니 내 직장, 내가 택해야 될 자리, 그 위치를 떠나서 자신으로 살지 못하고, 다 타인의 삶을 살려고들 한다. 우리의 고유한 정신도 삶의 양식도 다 소홀히 하고 더 나아가 경멸하는 동안 근본도, 뿌리도, 역사도 없는 퓨전의 세상에 와 있다. 우리의 근본을 잃고 마침내 정체성을 상실한다면 나도 없고, 가정도 없고 미래도 없고 애국심도 사라져 버릴 것이 염려된다.

만약 어떤 환경에서든 자신이 몫을 다하고 그 생명의 가치와 존귀함을 인정한다면 우리 모두는 서로에 대한 신뢰를 회복하고 자기 자리에서 빛나는 존재로 영원할 것이다. 저 하늘에 별만큼 눈부시도록 아름다운 것은 눈에 보이지도 않으나, 땅에서 겨우 올라와 피워낸 키 작은 꽃들이다. 키가 큰 목련도 눈부신 관을 쓰고 있으나, 진정, 우리의 존재와 가치의 존귀함을, 그 살아 있어서 그 사람만이 해낼 수 있는 그 몫이 얼마나 귀중한가를 알려준다. 이 봄에 소리 없이 피어난 키 작은 꽃들 속에서 듣는다. 아름답지 않은 곳 보잘것없는 대지 위에 피어난 작은 꽃님들의 군상을 보는 순간, 짜릿한 전율은 무엇일까? 그 낮은 꽃님이 거기서 살고 있음에, 그 몸짓으로만 말할 수 있는 봄의 언어, 봄의 자존감을 노래할 때 나의 귀가 열려 듣게 되는 행복한 봄이다.

-『기독교문학』· 2008년 제29호

동정심이 절실한 사회

　온 세상에 재난이 발생한 곳마다 도움의 손길을 뻗치는 구호사업에 발 빠른 국민 중에 한국인을 빼놓을 수는 없다. 그만큼 동정심과 이타심을 향한 강한 의지를 실행하고 있음에는 틀림없다. 유니세프(United Nation Children's Fund, 유엔아동기금) 한국위원회만 해도 모범적인 사례가 되고 있다. 유니세프(UNCF)는 1946년 설립되어 수혜국이 전 세계 156개국에 이르고 있다. 유니세프는 어린이를 위한 유엔의 기구로 영양, 보건, 식수 공급, 기초교육, 긴급구호 등의 어린이 구호사업을 펼치고 있다. 유니세프는 6·25전쟁이 발발했을 때 한국 어린이를 위한 분유와 의약품 등 대량의 구호품을 지원하며 43년 동안 그 활동을 이어왔다. 그러나 한국은 이제 수혜국에서 도움을 주는 나라가 되었다.

1994년 유니세프의 선진국형 기구인 유니세프 한국위원회가 창립되었다. 이제는 세계 10위권의 당당한 공여국으로 개발도상국을 위한 기금 모금활동 및 아동의 권리 보호, 모유 수유 권장, 세계시민교육 등의 활동을 펼쳐 지구촌 어린이의 삶을 개선하는 데 기여하고 있다고 한다.

세상은 많이 변하여 경악을 금치 못하게 하는 수많은 지구촌의 테러와 환경오염의 적신호, 지구의 위기를 알리는 과학적 근거들은 오히려 경계 경보음 정도로 여기며 무뎌져 안도하고 있을 수도 있을 것이다. 그러나 구체적으로 수많은 현실로 나타나 이웃, 가족, 우리 자신에게 크나큰 고통의 짐이 된 사실들이 있다면 이건 위험 수준이다. 최근에 보노된 실병 중에 복합부위통증증후군(CRPS, Complex Regional Pain Syndrome, 1993년 세계통증학회에서 붙인 병명) 증상이야말로 그 한 예다. 세상에서 제일 고통스러운 병이 복합부위통증증후군으로 최근 대두된 병이다. 처음에는 타박상, 자상, 골절이나 혹은 원인 없이 시작되어 만성통증으로 발전하는 질환으로 일상생활에는 큰 지장이 없는 것으로 알려져 치료시기를 놓치는 경우가 많다. 그 경우 극심한 고통에서의 탈출구는 없는 듯

하다.

환자들은 "통증 부위는 도끼로 내리찍는 듯하고, 뜨거운 불에 타 들어가는 느낌이고, 면도날로 살을 저미는 것 같다."라고 호소한다. 간호하는 부모들은 "실제 지옥"이라고까지 한다. 통증이 얼마나 심한지 바람결에도 아프며 이질 통이라 하여 무엇이든 스치기만 해도 유리조각이 박히듯이 고통으로 바뀌는 병으로 신체 접촉을 통한 위안도 쓸데없는 병이다. 이들이 겪는 고통이 너무나도 애처롭다. 무엇을 할 수 없음이 답답하지만, 더 두려운 것은 무감각해져서 고통에 처한 사람들을 잊은 채 자신의 안위만을 염려하는 사람이 되는 일이다.

무정함이란, 생명이 없는 것과 같은 황폐함일 것이다. 우리들의 영혼이 황폐해지는 것을 볼 수만은 없지 않은가? 용서할 수 없기에 스스로가 고통과 미움에 갇혀 지내고, 자비가 없어 남을 쉽게 비난하고, 이웃을 잃고 고립되며, 만족할 줄 모르니 항상 허기가 지며, 불평스러운 고통의 사슬에 묶여 있는 것이다. 사랑의 빛이 정말로 필요한 시기다. 아니 언제나 깨지지 않는 사랑의 가슴들이 된다면 새로운 세상이 보일 것이다. 내 영혼에 사랑의 불이 꺼진 채 다른 이에게로 가서 그 사랑을 구걸할 수는 없다.

  2012년 올 한 해의 겨울은 한파가 심해 유럽에선 600여 명이 동사했다는 소식을 접했다.(2012. 02. 14.) 모두가 에너지를 확보하기 위해 몸부림친다. 오늘 아침 뉴스(2012. 02. 14.)엔 러시아의 높은 가스 공급가에 우크라이나 여성들이 상의 나체로 항의를 하고 있다. 참으로 세계적인 이타심을 실현할 수 있는 길은 모든 사람의 영혼에 작은 동정심의 불씨가 살아나는 것이다. 사랑의 위대한 빛을 모든 영혼 안에서 밝혀 지구 곳곳 고통하는 곳에 보낼 수 있는 전파는 동정심의 파동이다. 사랑의 물결이 출렁이는 영혼의 봄날을 노래하며 날마다 타인의 유익을 위해 일하는 사소한 마음을 열어본다.

- 『기독교문학』 · 2012년 제33호

하늘을 걸어본다

보훈報勳

숭고한 하늘이 그리운 달[月]이 있다. 별처럼 영롱한 삶을 살다 가신 유공자들을 향한 애틋함이 미안함과 감사함으로 숙연해지는 달이다. 새들의 지저귐조차 갚을 길 없는 헌신을 하늘 향해 노래하는 것만 같다. 만물도 구슬피 울어주는 유월의 창공을 우러러본다. 목련의 화사한 꽃잎도 영혼의 넋을 위로하듯 하얀 손짓을 하다 힘없이 땅으로 스러져 아픔을 떨구는 것만 같다. 아, 유월 하늘 아래 서면 많은 사람들의 가슴에 켜진 보훈을 향한 꽃등이 밝아진다. 아픈 기억들과 감사함이 어우러져 피어난 마음의 꽃들이 나의 가슴에도 스며들어 온다. 그런 이유로 유월은 가만히 있어도 거룩해져 온다.

유월은 숨을 쉬고 있으면서도 갑자기 고마워진다. 유

월은 걷기만 해도 가슴이 벅차오르는 마라톤 선수의 질주하는 본능이 솟아오른다. 내가 지금 걷고 있다는 것은 누군가의 희생과 눈물과 피로 다져온 길에서 바통을 터치한 느낌이 들기 때문이다. 그 뜨거운 애국의 열기가 식지 않은 바통을 넘겨받은 마지막 주자의 사명감처럼 가슴이 벅차오르며 달리게 만들어 준다.

시공간을 뛰어넘어 국민이라는 고귀한 감정과 사명을 같이 나눌 수 있는 공감대가 있는 유월의 공기는 신선하기만 하다. 나의 선진들이 보여준 나라 사랑과 희생은 더 없이 값지고 눈물겨운 발자취를 만들어 주었다. 역사에 문외한이지만 그 공이 너무 크고 깊어서 저절로 느껴지지 않을 수가 없는 하늘 아래 서 있다. 사무치는 나라 사랑의 길을 걸어간 그 숨결이 어떻게 그칠 수가 있겠는가? 그 숨소리가 온 자연 만물의 증거를 통해서도 들을 수 있는 깨끗하고 청렴한 유월의 대지 위에서 모든 존재에 감사하다.

백두산白頭山

어느 추운 겨울 백두산 천지를 오를 일이 있었다. 모 신문사 최 국장님의 인솔로 따라가게 된 백두산 첫 등정이었다. 내가 목회자이기 때문에 구름이 가려지지 않고 천지를 볼 수 있어야 진짜 목회자라는 국장님의 농담이 심적 부담이 되었다. 백두산의 천지는 아무 때나 볼 수 있는 환경이 아닌 것을 나중에 알게 되었다. 다행히 첫 등정에서 천지는 감추지 않고 우리 일행을 반겨주었다. 그 후 몇 번 오를 일이 있었는데 구름이 가려 내 몸조차 보이지 않을 때도 있었다. 잠시 구름 사이로라도 천지를 보는 신비함은 오래 기억이 되었다.

두만강豆滿江

백두산 첫 등정에서 두만강을 지나며 나도 모르게 감흥이 일어 생전 불러 본 적도 없는 '두만강'이라는 노래를 불렀다. 노래 가사가 생생하게 기억나면서 하염없이 눈물이 흘렀다. 목사가 왜 일반 가요를 부르며 우는 건가, 의아해 할 성도들의 눈치를 보면서도 흘러나오는 노랫말과 눈물을 쏟아냈다.

노 젓는 뱃사공이 눈앞에 어른거리듯 말할 수 없는 민족의 애환이 느껴졌던 그 경험은 내 생애 처음 겪는 이상한 심정이었다. 그때 난 막연히 알게 되었다. 위대한 애국의 길을 걸어간 수많은 유혼들은 살아 있는 영혼의 별이라는 것을……. 그리고 우리는 이 시대를 살아가는 사람들로서 그 길을 볼 줄 알아야 되고 느낄 줄 알아야 되고 갚을 줄 알아야 된다는 것을……. 역사는 계속 말을 걸어오고 있다는 것을…….

역사의 맥은 단절되지 않기를 바라는 안타까운 심정으로 다시 유월의 하늘 아래 그때의 그 뜨거운 눈물을 맛보고 싶은 심정이다. 내 영혼을 맑은 물로 씻어 지저귀는 저 새소리처럼 보훈을 노래하는 삶을 드릴까? 거룩한 꽃잎처럼 깊고 높은 삶의 역사를 위해 피고 지는 삶으로 어떻게 보답할까? 자연에게 묻고 배우기를 내 일생 다하여 거룩한 대지에 뿌려지는 흙 한 줌으로 보탬이 된다면 기쁘겠다.

무궁화無窮花

우리나라의 국화는 무궁화라는 어릴 적부터 배운 교육의 힘일까? 무궁화꽃을 보면 저절로 발이 멈춰지고 경례를 하고 싶을 만큼 기합이 들어간다. 무궁화의 생육과 개화 탓일까? 한번 피면 쉽게 사라지지 않고, 조용히 그리고 다소곳이 꽃잎 속에 하늘을 품듯 고이 접어 땅으로 내려앉는 것조차 아름답기만 하다.

7월 초부터 10월 초까지 약 100일간 계속해서 피고 지며, 아침에 일찍 피었다가 해가 지면 떨어져' 매일 새로운 꽃으로 피어나는 무궁화. 무궁화 꽃잎은 암술과 수술, 꽃잎과 꽃받침 모두 갖춘 양성화로 5개의 꽃잎이 서로 붙은 통꽃인 형태이다.

5장의 꽃잎 가운데 있는 붉은 단심은 복숭아꽃같이 다정다감한 가정의 분위기를 오롯이 품어주는 것 같았다. 약한 자를 보호하고 가정 같은 따뜻함을 소중히 여겨주는 무궁화꽃이 전달하는 무언의 음성에서 나는 평안을 누린다. 이 유월의 하늘 아래에서 영원함과 은근과 끈기를 상징하는 꽃말처럼 영원한 세계로 나아가는 길목마다 한 사람 한 사람이 소중하게 빛나는 나라의 주인이 되길 꿈꾼다.

− 『창조문예』・2021년 6월호

황금찬 선생님께 드리는 편지

 버팀목이 되어 주셨던 황금찬 선생님이 작별 인사 나눌 시간 없이 떠나셨네요. 선생님이 없는 세상은 무섭고 겁이 나요. 이 우주의 커다란 방 안에 나 홀로 남겨진 기분이 들어요. 연탄불이 꺼진 방에서 이른 아침 온기를 놓치지 않으려 발버둥 치며 온몸으로 느끼는 한기의 공포 같은 거예요. 선생님에게 느꼈던 이 따스함이 이 우주 공간에 가득 찬 가을 햇살 같음을 떠나가신 후에야 알게 되네요. 선생님이 없는 이곳은 항상 겨울 같을 거예요. 저도 선생님이 계신 곳으로 가고 싶지만, 용기가 없어요. 전 아직 많은 숙제들이 남았거든요. 전 선생님처럼 이 숙제를 잘 해낼 자신이 없어서 더 겁이 나요. 희망을 노래하며, 언제나 사람들에게 봄을 가져다주신 분으로 사셨으니까요.

6·25동란 피난 시절에도 전쟁의 공포에 시달리는 사람들에게 선생님은 좋은 소식을 전했다 하셨죠. 그런데 그 일을 그렇게 사람들이 좋아하는 걸 보고 그때부터 더욱 선생님은 그 일을 자신의 일로 삼으셨다고요. 곧 전쟁은 끝날 거라면서 라디오 방송에 귀를 기울여 무지한 사람들 속으로 승전보가 될 만한 것은 다 전하셨다 했지요. 공포 속에 있는 사람들에게 기쁜 소식을 전하면서 많은 노래를 불러 우리 곁에 계셔 주셔서 그 시간들은 견딜만한 가벼운 무게가 되고 추억이 되기도 한걸요.

그런데 선생님은 일찍 사랑하는 딸을 보내고 '불 꺼진 창'을 바라보는 심정으로 피를 토하는 아픈 맘을 어찌 달래며 살으셨나요. 그런 상흔들은 바람에 나뭇잎이 흔들리듯 우리가 고통을 당할 때마다 함께 울어주는 하프가 되어 주셨어요. 선생님이 온몸으로 대신 울고 있는 걸 시 한 줄 한 줄마다 묻어 있었기에 슬픔을 당한 자들은 나을 수 있었거든요.

많은 아픔들을 자신의 운명으로 받으셔서 주님의 고난의 잔에 참여하신 선생님은 우리들의 종이셨어요. 이런 종을 잃고 우리는 어떻게 살죠. 광야에서 모세를 잃어버린 민족보다 사실은 더 아픈걸요. 누가 여호수아인 줄 모르거든요. 분명 많은 여호수아는 있겠죠. 그래도 남겨진 목자 없는 양 같은 우리를 돌아보세요. 무리한 부탁인가요. 그래서 이렇게 편지를 써요. 선생님은 이 편지에 꼭 답해 주실 것만 같거든요. 환한 웃음을 머금고 두려워 떠는 자들에게 달려오실 거 같아요. 예수님께서 물 위를 걸어오신 것처럼요.

또 주님이 쓰셨던 아람 방언으로 "에바다(Ephphatha)" "에바다(Ephphatha)" "에바다(Ephphatha)"라고 외쳐 주세요. 선생님께서 그 방언을 외치실 때 어찌나 그 음성이 힘 있고 살아있던지 금방이라도 펄펄 살아서 뛰어오르는 고기같이 공중에 울려 퍼졌죠. 그날 아무 일은 없었어요. 그곳에 있던 우리들은 아마도 귀먹고 말 못 하는 사람(마가복음 7:34)이라는 생각을 안 했겠죠. 그러나 전 알아요. 그날 어둠의 권세들은 이런 호령을 하는 영적 대장이 있음을 알고 우리 곁에서 후퇴한 것을요.

이제 대장 없이 어찌 싸우죠. 지금은 홀로 지내기에는 많이 힘들어요. 미세먼지와의 전쟁도 그렇고, 4차 산업 혁명이라는 생소한 시대를 맞이하고 있는 우리들은 지금 떨고 있거든요. 지금이야말로 선생님의 음성이 필요할 때인데 홀로 가시면 이 빈자리가 너무 커서 내내 맘이 아플 거예요. 그래도 선생님을 추억할 수 있다는 게 얼마나 다행인지 몰라요. 그 추억들을 하나씩 들여다보면 아마도, 저 또한 하늘 가는 길을 배우지 않을까 싶은데요. 한국기독교문인협회에서 중국에 세미나 갔을 때, 함께 갔었는데……. 선생님은 도로 가에 핀 하찮은 꽃들을 들여다보고 계셨어요. 그 모습이 신기해서 "선생님 뭐 하세요?"라고 물었는데, 기억하실 거예요. 마치 제게 한 편의 설교를 하시기 위한 예수님과 같은 비유를 들으셨거든요.

"어!~ 꽃들을 보고 아름답다! 라고 말하고 있는 중이야. 이런 아름다운 꽃을 보면서 아름답다고 하지 않는 것은 죄를 짓는 거거든……." 충격으로 제 온 몸이 신선해지는 전율을 느낄 수 있었어요. 그렇게 하늘을 향해 길을 걷고 있는 걸 몰랐어요.

그뿐인가요. 미국에서 세미나를 할 때 나이아가라 폭포를 보고 캐나다에 건너갔었죠. 그때 함께 했던 시간 속에서 남겨주신 말씀들은 주님의 음성을 들려주셨던 거 같아요. 선생님을 존경할 줄도 대접할 줄도 모르는 제가 아마도 제일 싼 메이플 엑기스 한 병을 사드리려고 여쭤봤어요. 고혈압, 당뇨에 좋다는데 한 병 사드릴까요?

그러자 선생님은 "저는 그런 거 안 먹습니다." 순간 제가 너무 싸구려를 사드리려는 것이 들킨 것처럼 부끄럽고 수치스러웠어요. "몸에 좋다는 것을 먹는 순간 욕심으로 먹기 때문에 약이 아니라 그때부터 몸에 독이 됩니다. 그래서 저는 몸에 좋다는 것은 안 먹습니다." 그렇게 또 한편의 설교를 해 주셨죠. 그렇게 사셔서 백수를 누리시고 하늘 집에 가신 건가요. 예수님께서 부활하신 후 제자들을 만나 하셨던 "너희에게 평강이 있을지어다." 짧고도 굵은 축복의 말씀처럼 명확하고 정도 있는 명령처럼 들렸어요.

그뿐인가요. 형편없는 제 설교를 세미나 때마다 들으시고 은혜받으셨다고 칭찬해 주셨죠. 그 보내주신 박수로 인해 지금까지 용기 내어 살 수 있었어요. 이제 선생님과의 약속을 지켜볼까 하는데요. 근데 제 편지를 어떻게 보내죠. 제게 시를 가르쳐 주시기로 했었는데요. 이제라도 하늘 집에 보내고 싶거든요. 선생님이 그려셨거든요. 대한민국의 모든 국민이 시인이 되어야 한다고요. 그래야 악한 맘이 없어지고. 선한 사람이 될 수 있다고 하셨죠.

선생님, 당신은 저 러시아의 톨스토이처럼 사셨어요.

설교라는 형식 없이도 주님께로 많은 사람들을 불러 모으시는 진정한 주의 사람이셨어요. 그래서 교회에서 주는 어떤 직분도 마다하고 '성도'라는 이름만을 고집하셨죠. 어제 선생님 문상 다녀왔어요. 거기 '성도'라고만 쓰여있었죠. 그 겸손과 교만한 자들을 향한 질타 대신 자신이 쓰신 이름으로 매를 대신하여 사셨다는 걸 모르는 분들에게 왜 '성도'였는지 전할 수 있었어요.

선생님! 오늘 2017년 4월 11일 8시 30분 대한민국 문인장 발인엔 참석 못했어요. 대신 선생님의 사랑하는 제자 최규창 시인의 조시를 먼저 받아 보고 눈물이 났어요. 선생님이 들으시면 또 우시겠구나! 예수님께 12 수제자가 있었듯이 전 수제자는 아니었어요. 감히 가까이도 갈 수 없었던 제게 늘 먼저 목회자로서 아껴주셨죠. 그러나 이제 전 그 어떤 수제자보다 더 많이 그리워하고 마음 아파하면서 살 것 같아요. 선생님의 별이 지고 난 이 세상은 버틸 힘이 없거든요.

어떻게 이 많은 아픔과 미움과 시기와 질투들을 감내해야 할지 모르겠어요. 수많은 시행착오가 있을 때마다 무릎 꿇고 주님과의 시간을 가져야겠죠. 그리고 선생님이 계셨던 초동 동산에도 가보겠어요. 말년에 머무셨던 강원도 횡성도 가보고요. 선생님의 문학관이 지어지면 더 자주 가보겠어요. 그리고 그 문학관 같은 집을 제 마을 한 편에도 만들어 보겠어요. 혹 선생님 닮으신 분들이 찾아오지 않을까 해서요.

그리고 쓰지 못한 편지를 쓰겠어요. 또한 답장도 기다리면서요. 아무리 하늘 생활이 즐거워도 여기 남은 자들을 보러 오실 거라 믿어요. 미움의 비에 젖은 채 날개를 잃고 시름시름 앓고 있는 병든 새 한 마리가 어디서 울고 있는지 그 울음소리 들을 수 있는, 귀가 큰 선생님이 지금 막 하늘 집에 가셨다고 했거든요. 거짓말쟁이로 만들지 마세요. 전 편지를 쓰겠어요. 선생님의 답장이 올 것을 알기 때문이거든요. 전 바보 같을 때 편지를 쓰겠어요. 아마도 날마다 쓸 수밖에는 없을 거예요. 여기 큰 문제가 있을 때 편지를 쓰겠어요. 그리고 아름다운 복사꽃 필 때도 쓰겠어요. 선생님이 세상을 떠나던 날 아름다운 동산에 남겨진 자들 잊지 말라고요. 아직 구원받지 못한 이승에 남겨진 어린 양들을 위해 좋은 소식 전해 달라고요. 전 편지를 쓰겠어요. 구슬 같은 눈물로 쓰겠어요. 깨알 같은 먼지의 마음으로도 쓰겠어요. 불쌍히 여기실 그분의 큰마음 전해 주실 선생님이시니까요.

그럼 편히 가세요. 아마도 하늘 집에 이르기 전에 제 편지 먼저 당도했을 거라 믿어요. 그래서 이 땅에서 다 하지 못한 착한 사람 돼가는 걸 배우지 못한 제자 있다는 걸 아실 거거든요. 하늘 집에 가신 후 둘러보시고 빨리 다시 오세요. 그리고 여기서 편지를 쓰겠어요. 선생님 답장을 기다리면서요. "모든 국민은 다 시인이 되어야 한다. 그래야 악한 마음을 버리고 선한 사람으로 살 수 있는 국민이 될 수 있기 때문에 나는 되도록 온 국민이 시인되기를 바란다."라는 말씀 전하며 이 나라가 얼마나 선해졌는지 소식을 전할 편지를 쓰겠어요.

선생님은 우리 모두에게 봄이셨어요. 그리하여 다시 선생님의 소식을 기다리겠어요.

-『기독교문학』· 2017년 제38호

7월 태양을 향해 걷는다

7월의 석양

녹음이 무르익어가는 7월이 되면 산천이 바빠진다. 이른 봄에 농부가 뿌린 씨앗도 여름이 되면 철들은 아이들처럼 저절로 커간다. 논에 벼들도 한 뼘씩 쑥쑥 자라난다. 하룻밤을 자고 나면 산천은 무럭무럭 자라나서 어제의 산노 들도 아니다. 녹음이 우거지면 보이던 길도 수풀로 덮여 버린다.

여름이 되면 마을로 가는 길이 막혀버렸다. 여름방학이 되면 더 고립이 되어 종종 하나의 인간 섬이 되곤 했다. 종종 혼자 남게 된 집 안에는 적막이 찾아오고 뒷뜰에 어머니가 심어놓은 청포도나무에선 포도송이가 열렸다. 무료함을 달래주던 자연의 친구들이었다. 대지는 목이 말라 타들어 가는 장마에도 여름의 기세는 꺾일 줄 몰랐다. 대지의 장엄한 성장 속에 묻혀 서 있던 어릴 적 기억이 생생하기만 하다. 친구들의 이야기가 듣고 싶고 강으로 들로 친구들과 놀고 싶어 집을 나섰다. 지름길로 들어서서 산꼭대기에 있는 집을 향해 오르려는 순간 무엇인가 밟고 미끄러졌다. 엄청나게 큰 구렁이의 등을 밟은 것이다. 그 뒤로 아예 녹음이 짙어지면 마을로 가는 길을 포기하고 집 앞 바다로 향했다. 지금은 세계적인 사구로 유명한 구례포 바닷가에 있는 두 채의 집 중에 하나에 살았었다. 어촌이 아니라 고기잡이 배도 생존의 치열한 소리도 들리지 않는 휴양지의 고요한 품이었다.

7월이 되면 조용한 바다는 천지창조의 일이 끝나지 않은 듯 온종일 뜨거운 햇살 아래 익어간다. 바닷물이 나가고 나면 판판한 운동장처럼 넓고 보드라운 해변이 펼쳐지고 손가락 발가락으로 그림을 그리며 놀았다. 이미 아주 작은 생물들이 여러 모양의 그림을 그리고 땅을 파고 살림살이를 해놓았다. 나는 거인이 되어 작은 생물들의 집을 피해 걷다가 모래성을 쌓다가 그들의 작은 성을 무너뜨리며 태양과 함께 하루를 걷는다. 작은 새들이 가끔씩 날아와 물결을 따라 거닌다. 우리는 말 없이 서로를 바라볼 뿐이다. 뜨거운 햇살 아래 고인 물도 온천처럼 따뜻해져 온다. 정지된 화면처럼 때론 천지창조의 일이 막 끝난 첫날의 신선함처럼 하늘과 바다와 넓고 넓은 사구의 언덕과 사람인 나 하나 서 있다. 내게 말을 걸어 오는 사람 없이 하루의 시간 속으로 걸어 들어갔다 나오는 것만 같았다.

드디어 침묵의 시간을 깨고 7월의 늦은 저녁, 노을이 바다로 들어가는 것을 보게 된다. 하루종일 머리 위의 뜨거운 해를 보고 걷다 보면 태양은 나를 남겨 놓고 바다 속으로 사라진다. 온 종일 지구을 뜨겁게 달구던 태양도 내가 서 있는 바다 수평선으로 걸어와 뜨거운 몸을 물로 식히고 하루를 마감한다. 태양의 하루의 마지막 순간을 바라보는 그 열정과 넘치는 일과의 마무리를 나에게 보여주며 말을 건넨다. 온 바다가 붉은 피처럼 물이 들고 홀로 태양의 작별을 목도하는 건 어린 가슴이 벅차올라 무서움과 두려움에 숨이 막히는 순간이다. 온종일 사람의 소리 들리지 않던 하루의 침묵을 깨는 이 순간 태양은 무언의 말로 내 가슴을 채우고 돌아간다. '하루가 천년 같은' 신의 시간 속으로 우리들의 일상이 얼마나 장엄한지를 알기를 바랬을 것이다. 우리의 하루가 얼마나 귀하고 무겁고 고귀하고 신선하고 거룩한 솜씨라는 것을 말하고 싶어 온종일 나를 침묵의 시간 속으로 데려갔나 보다.

소라껍질

여름 해변에서 주운 소라껍질에서 파도 소리가 들린다. 어릴 적엔 하얗게 부서지고 닳아 버린 어여쁜 조가비로 목걸이를 하고 소라껍질에서 들리는 소리에 귀를 기울였다. 시원한 파도 소리가 들린다. 알 수 없는 분명치 않는 주파수가 잡히기도 해서 열심히 귀를 기울였다. 도시로 이사 오면서 소라껍질을 곁에 두고 바다가 그리울 때면 귓속에 대면 악기처럼 노래가 들렸다. 파도 소리가 났다. 그 소리와 함께 잠을 자며 어릴 적 바다로 데려가 주는 즐거움은 자연이 내게 준 영원한 유산이 되었다. 그리고 그 뜨거웠던 7월의 여름 이야기를 들려준다.

7월의 뜨거운 햇살은 가을의 열매를 위해 열심히 지구 온 땅을 위해 더욱 뜨거워져간다. 햇살의 눈부신 속삭임에 녹음은 빛을 먹으며 푸르게 자라난다. 나도 덕분에 여름에 기지개를 켜고 쭉쭉 뻗어만 갔다. 지금도 수없는 사랑의 햇살을 받으면 나는 생각이 자라고 마음이 자란다. 나는 아직도 녹음인 것 같아서 기쁘다.

머지 않아 풍성한 가을의 열매로 천국의 맛이 나는 인격이고 싶다. 그래서 나는 더욱 뜨거운 햇살 아래서 고통과 아픔과 내려놓음을 향해 걷다가 장엄한 태양처럼 바다에 안기고 싶은 꿈을 꾼다. 푸르른 녹음처럼 여전히 뜨거운 햇살이 필요한 인생으로 살고 싶다는 것은 아름다운 꿈이다. 아직 더욱 푸르러야만 되고 아직 더욱 태양을 향해 걸어야만 한다면 우린 더욱 성숙을 맞이할 것이다. 풍성한 가을을 준비하기 위해 이 뜨거운 햇살 아래서 익어가야만 되는 이유를 7월에게 듣는다. 나는 아직도 자랄 수 있는 녹음이고 싶다. 해마다 7월이 되면 태양을 향해 걸으며 녹음에 귀를 연다.

-『창조문예』· 2021년 7월호

8월

태양의 도시

여름이 되면 태양이 유난히 빛나는 도시로 달려가고 싶다. 유럽의 여름은 태양의 계절이 되어 가는 곳마다 조용한 축제의 분위기를 즐기고 있었다. 그런 분위기는 내내 여름이 되면 습도가 높은 불쾌한 기분에서 벗어나고픈 마음으로 태양의 도시들이 그리워진다. 나의 몸을 태양 아래 린넨 보자기의 하이얀 빨래처럼 펼쳐 하늘 아래 펄럭이며 말리고 싶은 심정이 든다. 어쩌면 나약한 의지들을 그 강렬한 태양의 도시에서 광합성을 하고픈 마음일 것이다. 여름의 나뭇잎 녹색의 그늘 아래 서면 내 마음도 푸르고 싶어 태양 빛 강렬한 도시가 생각이 난다. 마치 한 그루의 나무처럼 태양 아래 빛나는 나의 영혼을 바라보는 기분이 든다. 햇빛에 반짝이는 물결처럼 푸른 나뭇잎에 반짝이는 보석들처럼 마음에 반사된 보석을 수놓고 싶어진다. 추억 속의 하늘과 바다와 강들이 있는 해변으로 날아가고 싶은 마음으로 정리해놓은 앨범 책을 펼쳐본다. 동유럽, 여름의 첫 인상은 강변으로 넓은 대학의 잔디밭으로 모여 훨훨 옷을 벗고 그토록 뜨겁게 태양을 즐기는 이색풍경을 마주했다. 백야의 도시에서 밤이 되어도 대낮처럼 환한 마치 태양의 얼굴이 나를 내려다보는 그 강렬한 밤을 잊을 수 없다.

프랑스의 개선문 앞에 펼쳐진 직사각형의 마로니에 가로수 아래를 거닐며 성당(사크레쾨르 대성당) 언덕을 오르던 뜨거운 발걸음이고 싶다. 몽마르트 언덕은 푸른 잔디밭에 짝을 지은 연인들의 그림 같은 모습과 하이얀 성당이 유난히 빛나게 높이 서 있다. 이 화려한 성당을 돌아서면 자그마한 골목에 예쁜 카페들과 스케치해주는 화가들, 작은 소품들이 맞이해 준다. 낯선 사람들과 따뜻한 눈 인사를 하며 골목길을 마치 익숙하듯 거닐던 시간 들이 다 여름 도시와의 추억들이다.

해마다 여름이 되면 연구차 박사팀에서 보고 싶은 곳을 향해 달려가게 되었다. 보여주는 곳이 아닌 연구하면서 보는 유적지를 찾아다니는 퀄리티는 상당한 지적 보상을 안겨 주었다. 숨겨진 도시들의 성지를 찾아 다니면서 이렇게 유럽의 여름을 맞이한 7년 가까운 인연이 여름이면 꿈처럼 찾아온다. 햇살이 뜨거워지면 여름날 마주했던 도시의 얼굴들이 떠올라 가슴이 뛰기 시작한다.

여름의 도시 – 자그레브

이어지던 순례가 동유럽의 발칸과 이태리 등 5개국을 지인들과 다소 가벼운 마음으로 재방문하게 되었다. 크로아티아(Croatia)의 수도 자그레브에 14, 15세기의 고딕양식 문양의 성 마르코교회가 인상적이다. 유럽의 교회에 비해 다소 작고 아담한 이 교회는 지붕에 국기의 문양과 시(city) 문양이 있다. 타일로 지붕을 알록달록 장식하고 있어서 작지만 가치가 있다. 이 독특한 문양이 태양빛에 반사되어 보전의 가치를 가늠하게 한다.

근처에 엘라치치백작의 동상이 호령하듯 도시를 지켜주고 있었다. 이 백작은 오스트리아와 헝가리의 침입을 막아낸 공으로 자그레브시의 유명한 동상으로 오고 가는 사람들을 지켜보고 있다. 우리나라 광화문에 이순신 장군이 서서 오른손으로 큰 칼을 들고 서 있다면 이 장군은 곧장 달려갈것 같은 말을 타고 휘어진 칼을 오른손에 휘

두를 듯 들고 서 있다.

자그레브의 동판모형도가 아름답고도 아기자기하게 설치되어 도시를 한눈에 볼 수 있게 해준다. 자그레브 시내에 성 스테판(St. Stephen) 대성당이 도시를 품고 있다. 이 도시의 가장 높은 건물이 되어 높이 77미터로 하늘을 향해 두 손을 받들 듯이 서 있다. 북쪽 탑은 105미터 남쪽 탑이 104미터로 사진첩에 잘 기록해 놓은 것을 발견할 수 있다. 체코에도 대성당의 탑이 한 쪽은 높고 한쪽은 낮다. 높은 아담의 탑이 하와의 탑을 햇빛을 가려주기 위해 그늘을 만들어 준다는 설과 닮아 있다.

자그레브 대성당과 돌락시장

1102년에 완공되었다는 자그레브의 보물인 대성당이 있다. 약 5천 명이 예배를 드릴 수 있는 장소로 첨탑의 높이도 100미터나 된다. 한국의 대형교회에 비하면 작은 규모이지만 그 위용이 놀랄 수밖에 없는 건 건물의 양식과 대리석의 재료 자체만으로도 보물급이다.

성당으로 가는 길에 잠시 크로아티아 수도의 자그레브 돌락시장에 들렀다. 풍부한 야채와 과일들은 입맛을 돋우고 저렴한 가격에 다시 놀랜다. 점포없이 도로에 각기 판을 설치하고 붉은 색의 파라솔을 펼치고 넓은 노점상의 이미지 같은 분위기를 자아낸다. 이런 인상적인 모습들은 다시 유럽의 도시로 달려가고픈 마음을 일으켜준다. 습도가 없는 유럽의 여름은 태양이 작열하는 한낮의 거리에도 묘한 즐거움이 사뿐사뿐 걸어가게 만든다. 그 빛나는 거리에서 노점상들은 한가한 모습으로 들고나온 목공예품들과 기념품이 햇살 아래 빛나고 있다. 그 작은 기념품에 그 도시와 향기가 담겨져 있다. 우리나라에 오는 외국인들도 서울의 시내에서 사간 이런 작은 물건들을 들여다보면서 그리워할까 싶은 생각이 든다.

자꾸만 그 여름의 뜨거운 햇살이 빛나던 동구의 유럽이 그리워진다. 제작해놓은 앨범을 펴 보니 그 대성당 앞에서 민속춤을 공연하던 젊고 어여쁜 소녀들과 사진을 찍은 게 기억이 난다. 흰 린넨의 긴 드레스에 목에 붉은 줄을 두르고 환한 웃음으로 서로를 반기고 있었다. 지금도 그 빛나는 웃음이 그 거리, 그 대성당 앞에서 들리는 것만 같다.

여름의 호수 – 플리트비체(Plitvice Lake National Park)

여름의 호수라는 이름으로 붙여주고 싶은 플리트비체

의 호수를 지금도 상상으로 거닐곤 한다. 2시간 이상의 시간이 소요된다는 말을 들을 때는 너무 무의미하게 느껴졌다.

미국의 국립공원의 울창한 산림과 폭포수와 잘 가꾸어진 숲을 기억하던 터라 잠시 내려서 걷다가 사진을 찍으면 될 것을 왜 굳이 도보로 다 돌아야 되는가 의아했었다. 그런데 걸어야만 되는 작은 아마존 열대우림을 체험하듯이 오직 도보로만 접근할 수 있는 수많은 호수와 폭포가 박물관같이 모여 있다.

나무로 군데군데 다리를 놓아 걷는 기분도 아찔하기는 하지만, 그 신선함과 수많은 붕어 떼들의 유영과 산림의 냄새들은 한 여름의 꿈속에 나타난 숲의 요정을 만난 기분이 들게 한다.

파도가 오르간을 연주하는 자다르의 아침

자다르에서 1박을 하고 이른 아침 해변을 따라 걷고 있는데 검은 빛의 긴 옷을 입은 흰머리의 수도사가 마주 걸어오고 있었다. 자다르의 그 어떤 풍경보다 매우 신선한 아침 인사를 한 기분이 들었다. 땅을 들여다보고 걷는 수도사의 발걸음에서 묻어나오는 묵상이 자다르의 평온한 아침이 시작된 것 같았다. 잠시 걷다 보니 그 유명한 파이프오르간 소리가 들리는 검고 흰 건반의 보도블럭의 난간이 나온다. 잠시 계단에 앉아 귀를 기울이니 파도가 움직이며 울리는 선명하고도 깊은 소리가 불규칙한 화음을 내며 수줍은 듯 연주하는 것을 들을 수 있다. 자연이 인간의 지혜와 만나니 아름다운 선율을 따라 바다 물결의 움직임을 건반으로 거쳐 들을 수 있다는 것이 신기하다.

조금 전에 스치고 지나간 흰머리 수도사의 신성한 향기가 가슴 속으로 자꾸만 고여 든다. 바다를 바라보는데 수도원에 들어온 것만 같은 이 묘한 신성한 기운은 무엇일까? 내내 의문이 들면서 돌아와 나의 여행 앨범에 그 비범하고도 신선한 수도사의 사진을 싣게 되었다. 수년이 지난 지금 자다르의 사진을 펼쳐보니 뒷짐을 지고 머리를 숙인 채 걷고 있는 해변의 수도사에게 여름 속으로 걸어가는 거룩성을 본다. 지금도 달려가면 그 거리에서 여전히 아침의 묵상을 하고 계실 것만 같다.

영화감독 알프레드 히치콕이 극찬한 자다르의 석양을 감상하는 것으로 유명하다고 하는 광고 간판을 지나서 조형물의 꽃과 사진을 찍고 나오다 보면 각종 거리 상점들이 즐비하다. 더운 여름 날 작은 상점에서 먹는 아이스크림과 작은 소품들이 기억이 난다. 지인들을 위해 나의 발자취를 기억하고자 사온 작은 소품들은 지금도 나를 그 바다로 그 여름의 도시로 이끌어 간다. 아, 작열하는 태양이 아름다운 도시들로 다시 날아가고 싶다. 그리하여 앨범을 펼치고 다시 그 시간으로 돌아가는 여름이 즐겁다.

— 『창조문예』・2021년 8월호

마음의 나이테

나이테 만들어 주기

나무처럼 성장하는 아이들에게 사랑의 나이테를 만들기 위해 작은 일상에 의미를 찾아준다. 인생의 길목마다 아름다운 추억을 간직하면 그들은 그만큼 성장하기 마련이다. 환영을 받고 사랑을 받고 있을 때 그들의 가슴은 뜨거워진다. 그때마다 그들은 그들의 자리에서 우뚝 설 수 있게 된다. 때때로 2월은 그들의 자리에서 함께 빛내줄 졸업시즌이다. 그들의 졸업을 축하하는 자리에서 아름다운 꽃을 들고 달려간다. 너의 인생은 꽃처럼 아름다웠노라고 노래를 부르는 마음을 대신한다. 온갖 꽃들이 포장지에 한껏 치장을 하고 주인공을 기다린다.

소녀들은 안개꽃을 좋아한다. 우리들의 소녀 때에도 그런 안개꽃을 좋아했다. 보일 듯 말 듯, 눈꽃처럼 눈부시게 피어 있는 안개 꽃이 아름답다는 것은 소녀들이 느낄 수 있는 감성이었다. 성숙해 지면 붉은 장미꽃에 흠뻑 빠지게 된다. 소녀들이 설레이는 안개꽃만큼 미래의 수많은 꿈들을 가슴에 안고 피워내는 그들의 젊은 날의 꿈을 응원하려고 달려간다.

미래를 꿈꾸는 소녀들의 꿈 하나쯤 아름답게 피워내도록 사랑의 인사를 나눈다. 사랑의 인사에 그들에게 사랑의 나이테가 하나 그어 지기를 바란다. 마음의 나이테는 사랑의 흔적을 많이 가질수록 앞으로 곧게 뻗어 나갈 수 있게 해준다. 이런 나이테가 그들의 삶의 성장을 도와주며 어떤 어려운 고비에도 버틸 힘이 되어 준다고 나는 나의 공식을 만들었다.

나의 삶이 그러했듯이 사랑의 빚진 대로 사랑의 씨가 뿌려진 대로 그런 사랑의 징검다리를 놓아가며 사는 법을 이제 배운다. 침울하고 무거운 날들이 겹칠 때 나를 환영해 주던 작은 꽃 한 송이와 작은 책 한 권의 글에서 타인의 따뜻한 사랑을 먹은 나이테가 그어져 갔다. 그런 사랑의 흔적으로 남은 마음의 나이테는 무지개처럼 피어나서 타인과의 따뜻한 소통을 이끌어 주었다. 성장하는 아이들에게 사랑의 나이테를 먹고 비틀거리지 말고 용감히 앞으로 달려가라고 오늘도 꽃을 들고 그들이 주인공인 작은 축제에 간다. 내가 받았던 추억 속 행복한 사랑의 나이테가 오늘 그들에게도 여전히 필요한 것을 알기 때문이다.

빈 마음에 아름다움이 보인다

바쁘게 살아가면 마음이 아파한다. 마음은 주변의 사소한 것들로 인해 평안을 누리기를 바란다. 쇼콜라 아망드, 멍디망(mendiant), 갈레트 클래식(GALETTE CLASSIC MINI), 유자마로네(CITRON & CHESTUNET POUNDCAKE) 넛츠타르트, 갈레트, 바닐라 크랜베리 피낭시에, 초코체리 피낭시에, 미스베어, 제노와즈 치즈케익, 초코크런치 마들렌, 쇼콜라우니, 화이트듀, 초코듀, 밀푀유(프랑스 쉐프 기욤), 쇼콜라우니, 레몬마들렌, 만데룬, 이름만으로도 사랑스럽다. 이 아름다운 이름을 가진 친구들은 동양에서 최고 유명한 내가 사는 시의 제과점이다. 유명한 명소인 이 제과점에서 난 가끔 이렇게 행복을 사가고 행복을 포장해 간다. 이곳의 딸기 슈프레는 이름뿐만이 아니라 아름다움은 보석 같고 먹으면 행복을 마신 것처럼 즐겁다. 먹기도 아까워서 눈으로만 보다가 다른 사람들에게 그대로 보석처럼 전하는 선물이 되기도 한다.

　다른 한 켠엔 키리쉬 모차르트, 딸기 모짜르트, 발레리나, 라는 아름다운 이름을 가진 케익들이 보석처럼 빛나고 있다. 분주한 사람들 틈으로 예쁜 컵케익을 하나씩 골라 포장대로 걸어간다. 아름다운 음악의 선율이 가슴으로 스며든다. 저녁으로 기울어가고 밖은 차거운 영하의 날씨처럼 내 마음은 생각과 다르게 분주함으로 감성은 이미 얼어붙어 있었다.

　아! 나의 가슴이 아름답고 고요한 음악에 얼음 같던 마음에 금이 가더니 녹아내린다. 얼마나 달콤한 선율인가! 마음이 분주하니 잠깐의 스치는 음악의 선율에 마음은 따뜻해지고 가슴은 넓어졌다. 아름다운 카페 한 구석에 명상을 하며 예쁜 컵케익의 달콤하고도 느끼한 치즈의 매력에 빠져 마음의 허기짐을 채우고 싶었다. 사실 나의 마음은 계속 울고 있었다. 그런 마음이지만 보석가게 같은 제과점에 들러 컵케익을 예쁜 소녀들에게 주려고 사는 동안 고운 선율이 허기진 마음을 가득 채웠다. 한가로이 쇼파에서 카페 한 구석에 앉아 듣는 그 음악보다 너무나 달콤하고 따뜻한 언어였다. 돌아오는 길에 겨울 갈대가 서 있는 하상도로에서 내 몫의 붉은 컵케익을 한 입 먹었다. 그 짧은 행복은 분주한 나에게 찾아온 향수 한 방울의 짙은 향내와 같다. 나는 나를 위해 이렇게 짧은 시간 향수 한 방울을 마음에 떨어트리고 가슴에 풍요를 안고 사람들에게 달려간다. 내 마음의 풍요와 그 행복한 향기를 나누러 달려간다.

-『기독교문학』• 2021년 제42호

2부

자연의 소리

자연을 잃어버리고 나서야 깊은 후회를 한다.
요즘 불면증이 종종 괴롭힌다.
나 또한 잠이라는 자연을 잃어버린 것이다.

자연은 나의 스승이다.
자연을 떠나서 살 수 없어 자연에게 찬사를 보낸다.

환원, 그 아름다운 회복

좋은 환경

난 매일 아침 소풍 길에 올랐었다. 이른 새벽부터 새들의 합창소리 들으면서 아침을 맞이했었다. 100m되는 지척에서 출렁이는 바다 소리는 밤마다 자장가로 들렸다. 엄마가 일터로 나가신 빈 집에 홀로 있을 때는 자연의 숨소리 들으며 교감을 누렸다. 지척에 깔린 보드라운 위를 거닐고 지칠 때면 어디든지 누워 자연의 품속에서 쉬어 갈 수 있었다. 친구들과 봄에 흔하게 땅에서 자라난 삐비 풀을 뽑아 껌 대신 입 안에 넣고 자근자근 씹으면 단맛이 났다.

한여름, 밭에 주렁주렁 달린 싱그런 오이는 사이다보다 더 상큼한 맛을 안겨주었다. 여름 밤에는 마당에 멍석을 깔고 모기 쫓는 연기 맡으며 어머니 무릎을 베고 눕는다. 짙은 어둠이 구름처럼 지척에 깔려 무서운 만큼 어머니의 손길 살 냄새는 더 바랄 것 없는 위안이 되었다. 그러나 무서운 어둠 속에서도 밤 하늘의 수많은 별들이 나를 내려다보고 있었다. 캄캄한 밤이 되어야 만날 수 있는 별들은 어둠 속에서도 빛나는 물체가 있음을 알게 된 후 밤이 꼭 무섭지만은 않았다. 별들도 나를 내려다 보기 위해 밤을 기다려 더 가까이 다가오는 것만 같았다.

종일 사료 대신 먹을 것을 찾아 종종걸음으로 마당을 헤치고 다니던 닭들도 소 외양간에 올라가 둥침을 할 때면 모두 고요한 밤의 소리를 듣는다. 밤에 들리는 자연의 소리는 참 신비했다. 하루의 삶의 무게만큼 무섭세도 들리고, 하루의 어떤 삶만큼 행복한 소리가 되어 보상을 하기도 했다.

일상이 소풍

지금은 시멘트 위를 걸으며 삶의 편리를 추구하다 보니 지척에 있던 자연이라는 벗을 잃어만 가고 있다. 지인들은 자꾸만 권한다. 서로 이 권면이 짜증이 섞여 들린다. "왜 운동을 안 하시는데요?"라는 말이다.

운동이라는 삶을 시간에서 따로 만들어 가진다는 것

이 내겐 참 어렵다. 예전의 삶은 운동이라는 단어가 삶에서 분리되지 않았었다. 일상이 운동이고 일상이 등산이고 일상을 자연 속에서 모든 것을 공생했기 때문이다.

걸어서 학교엘 가니 등교와 운동이 분리되지 않았다. 등교와 소풍도 분리되지 않았다. 매일 아침 등굣길은 동물들과 소풍에 나서는 시간이었다. 매일 맞이하는 아침은 자연에서 들려오는 천상의 소리처럼 일상을 기쁘게 했다.

은빛 모래 언덕

지금은 카펫의 인공냄새를 맡으며 점점 몸은 시들어 생기를 잃어가고 있다. 내 고향의 은빛 모래 언덕들은 세계 3대 사구에 속한다. 뒤늦게 학계가 주목하고 보전 운동을 하고 있지만 예전의 모습은 없다.

은빛 모래 언덕이 그립다. 순백의 눈보다 더 희고 보드라운 은빛 사구엔 작은 벌레들이 살았다. 물고기가 바다에 잠수질을 하듯, 머리를 모래에 곤두박질하여 구멍을 파고 터널을 만들고 동굴을 만든다.

그 아이들의 터널을 헐고 집을 부수고 놀았다. 하얀 모래 위를 도망가던 벌레들은 모래 우물을 만들고 숨박꼭질 하고 숨어 장난을 하면 허허 벌판에 벌레들과 나뿐이었다. 그 벌레의 이름이 무엇인지 모른다. 그 꿈틀대던 이쁜 벌레가 지금 어디에 있을까 문득 궁금해진다.

버려진 양심

사람은 환경을 떠나서는 생존이 불가능하다. 그러나 이 최적의 환경을 가진 우리나라에 쓰레기가 쌓여가고 처치할 장소가 없다. 필리핀에 불법 수출했던 쓰레기 5천t 중 800t이 평택 당진항에 반입되었다고 한다. 2월 2일 반입된 800t은 컨테이너 50개(FEU-40피트)에 담겨 있었으며, 협의에 따라 30개는 평택시가, 20개는 제주도가 처리하기로 했단다.

환경부와 평택시 등은 필리핀 민다나오 섬에 방치돼 있던 나머지 쓰레기도 연내 모두 처리할 방침이라 하니, 민낯이 뜨거웠던 행태들이 씻어질 가망이 보인다. 국내에도 산적한 쓰레기들로 몸살을 하고 있다는 보도도 만만치 않다. 흔히 접하는 주변의 산책로나 휴양지 등에 사람이 다녀간 곳에는 그 비례만큼 쓰레기들이 쌓인다.

2020년 새해 해맞이하던 강릉의 바닷가의 광경은 마음을 아프게 했다. 강릉 시민들이 바닷가에 버리고 간 쓰레기들을 치우는데 꼬박 3일이나 걸린다는 보도였다.

이유는 음료 캔, 과자 봉지, 종이 컵 등을 모래 속에 감추고 갔기 때문이란다. 자신의 양심을 구겨 모래 속에 깊이 감추었기 때문에 강릉 시민들의 마음은 쓰레기보다 버려진 양심에 더 괴로운 것이다.

좋은 사람

요즘 참 좋은 시민운동이 광주에서 시작되었다. 온 국민이 참여를 제안하고 있는 이 소식은 바로 '기후 위기는 재앙'이라는 문제를 촉구하고 나섰기 때문이다. 한 지역 사회가 '지구온난화 심화'가 불러올 '인류의 재앙'의 문제를 제기한 것에 좋은 마음이 들었다. 태양광발전과 재생 에너지 확대 등 CO_2 저감 운동을 모든 국민의 참여를 이끌어 가고 있다. 이것이야말로 마땅히 인간이 자연에 가져야 할 올바른 태도라는 생각이 든다.

사람은 마땅히 자연을 존중하는 마음을 가져야만 한다. 사람보다 환경이 먼저였다. 사람보다 자연이 먼저 조성되었다. 이것이 창조주의 순서였다. 인간에게 자연을 다스리고 보전하고 지키는 통치권을 주셨지만, 지금은 과히 그 권한을 가진 사람들이 얼마나 되는가? 자연에 건강을 돌려주고 싶다.

사람만이 건강해야 되는 것은 아니다. 자연이 먼저 건강해야 인간의 건강도 회복될 수 있다. 얼마 전 미국의 요세미트 공원에 산불이 났다는 소식에 안타까운 마음이 들었다. 미국은 건강한 요세미트 공원을 지키기 위해 철저한 법 규정으로 쓰레기 없는 공원으로 가꾸고 인위적인 면을 모두 거부하고 건강한 자연으로 보전하는 공원의 울창하고 신선한 모습이 아직도 눈에 선하다. 자연을 존중하는 마음으로 가꾸고 보전되었기 때문일까, 아직도 나무 한 그루 한 그루가 내 눈에 선명히 보인다. 좋은 사람들의 마음이 산불로 얼마나 아팠을까 싶다.

  나는 요즘 시인이 되고 싶은 마음이 커져 가고 있다. 나도 좋은 사람이 되고픈 것이다. 아름다운 자연을 누리고 그 환경의 혜택을 누린 나로서는 건강을 잃어가고 있는 자연을 위해 건강한 그들의 모습을 노래하고 싶다.

  내가 본 은빛 모래 언덕의 아름다움을 들려주고 싶다. 비단 조개의 이야기와 바다 새의 걸음걸이는 어떤지, 고동들이 그려놓은 바다 종이 위의 그림들이 얼마나 아름다운지…… 그리하여 창조주의 명령대로 살아가고 싶다. 자연을 통치하고 다스리고 지키라고 한 음성에 노여움이 깃들기 전에 나 또한 좋은 사람들의 길에 들어서고 싶다.

좋은 사회

2020년 새해 중국 우한시에서 발병한 코로나 바이러스로 그 공포감은 2월 들어 온 세계로 더욱 확산되어 가고 있다. 약 1,200만 명이 거주하는 우한시는 중국 중부의 교통 중심지역으로 고속열차 연결망과 전 세계 주요 도시로 직행하는 60곳 이상의 항공로를 가진 곳이다. 중국 내 주요 도시와 연결되는 100곳 이상의 항공로도 있다고 한다. 이 거대한 도시에 밤에 불이 꺼지고 봉쇄된 우한시에 아파트 창문을 동시에 열고 '우한 자요우'를 외치며, 서로 격려하고 힘내라고 외치며 전염병과 싸우는 모습을 방송으로 보니 안타깝다. 중국인들이 가족과 함께 맞이한 춘절 대이동의 시기와 맞물려 전염성이 급속화된 것 같다.

메르스(MERS-CoV), 사스(SARS-CoC)에 이어 중국인을 비판하는 목소리가 커져가면서 시노포비아(sino-phobia·중국공포증)가 대두되고 있다. 아시아를 증오하는 이러한 비판의식은 성숙한 사회가 가져야할 태도는 아니다. 전염성이 뛰어난 수많은 바이러스와 대처하는 방법을 모색하며 성숙한 사회로의 전환이 필요하다.

에이즈, 조류 독감, 사스, 메르스, 돼지 독감, 한타 바이러스, 라임병, 웨스트 나일 바이러스, 에볼라, 시리아의 소아마비, 구제역, 걸프전 증후군, 지카바이러스는 전부 세균전 및 생물전의 일환일 수 있다는 우려가 크다.

  이러한 우려가 증오와 혐오와 공포와 불안을 증폭시킬 뿐이다. 과학자, 의사, 바이러스학자, 유행병학자 등, 모든 사회가 나서서 적극적으로 대처하는 건강한 사회를 만들기를 바랄 뿐이다. 우한시에 거주하던 한국인들이 전세기 편으로 들어와 격리 조치되는 아산과 충북 진천의 지자체 기관과 시민들에게 감사한다. 그들도 많은 우려와 염려를 뒤로 하고 크나큰 공포에 떨고 있는 우한시에 머물던 국민을 맞이한 좋은 시사체의 모습에 선상한 사회의 일면을 보게 되어 너무 감사할 뿐이다. 이탈리아 연구진들이 신종코로나 분리에 성공했다고 한다. 각 나라 각 계층에서 위기를 맞아 대처하는 모습의 아름다운 사회가 더욱 돋보이는 때이다. 좋은 환경, 좋은 사람, 좋은 사회로 가는 참 아름다운 인간다움이 회복되기를 꿈꾼다.

-『창조문예』· 2020년 3월호

사랑의 씨앗을 뿌리며

좋은 마음의 씨앗을 뿌릴 때

2월에 마지막 눈 대신 따뜻한 비가 온다. 비를 맞으면서 졸업식에 축하하러 가는 일은 드문 일이다. 그래서인지 그냥 비조차 축제처럼 느껴진다. 서초구에 있는 초등학교 정문에 들어서자 오른편으로 세련된 신세대 아파트가 산처럼 둘러서 있다. 그 왼편엔 건축한 지 40년이나 된 아파트도 보인다. 학교 운동장은 질이 좋은 모래가 깔려있다. 그날따라 민망한 듯 수줍게 내리는 비가 모래 위를 촉촉이 적셔놓아 먼지 대신 해변을 걷는 기분이었다.

사실 처음부터 이런 마음이 든 건 아니다. 서울에 비 올 확률은 80%라는 예보에 발이 묶여 마음이 살짝 굳어졌다. 바쁘다는 삶을 살면서 시간에 틈을 내서 나눠 쓰기란 참 어렵다. 그러나 내가 소중하고, 내 일이 중요하고, 내 할 일이 많다고 느낀다면, 내 안에 갇혀 사는 병을 고칠 길은 일생에 찾아오지 않을 것이다.

좋은 마음과 좋은 생각의 씨앗을 오늘 뿌릴 수 있다면, 언젠가 후회를 거두는 반복된 어리석은 삶을 또 다시 마주하지는 않을 것이다. 무슨 일이든지 죄짓는 마음으로 하지 말자('선을 행할 줄 알고도 행치 아니하면 죄니라', 야고보서 4:17)는 생각에 이르니 발걸음이 가벼워졌다. 온통 내가 중심이 되어 사는 삶 속에서 나를 비워낸다는 것은 아무나 할 수 없는 일이다. 성인들은 매일 이러한 일상을 살아갔겠지! 라는 착각이라도 좋았다. 내 중심의 삶에서 타인에게로 향하는 마음의 징검다리가 놓여 있을 때 건너편을 향해 나아갈 용기를 내어 본 것이다. 나의 삶을 회복하기 위해 내딛은 그 한 걸음 때문에 오늘이 행복했다.

꽃은 말을 걸어온다

꽃시장에 들러 예쁘게 만들어진 꽃다발을 사고 싶었다. 꽃들은 내가 하고픈 말을 대신해 주고 더 깊은 말을 전해 주기 때문이다. 꽃다발은 사람이 줄 수 없는 그 이상의 감상을 안겨 준다. 행복한 마음, 따뜻한 마음, 사랑스런 마음을 들게 한다. 그러한 마음은 사람의 말과 감정으로 전할 수 없는 귀한 느낌이다. 무엇일까? 그건 방금 내가 그에게 자연을 한 웅큼 선물한 셈이기 때문이다. 그 사람의 모양을 닮은 꽃을 고르기도 하면서 네가 얼마나 예쁜데…… 혹은 네가 얼마나 귀한데…… 라는 말을 대신 전하고 싶다. 또는 축하해…… 잘 될 거야. 힘내, 사랑해, 고마워, 기쁘다 등등…….

마음을 담아 곱게 한 아름 꽃을 안겨주면서 꽃이 대신 말을 전해 줄 생각에 내 마음이 설렌다. 꽃 앞에 서면 왜 이렇게 맘이 설레고 마음속조차 온갖 향기가 나는 걸까? 꽃들은 아무 말이 없는데도 내게 계속 말을 걸고 있는 건 참 신비하다. 와! 예쁘다. 어쩌면 이렇게 빛이 고울까! 와! 참 아름답다. 눈송이 닮았네! 귀족 같은걸! 와! 와! 몇 번이고 탄성을 지르다 보면 정작 꽃은 말이 없는데 나 혼자 말을 하고 있다. 꽃은 묘한 힘을 가지고 있다. 자꾸만 내게 말을 걸어온다. 그것도 좋은 말 기쁨 넘치는 말을 하게 한다. 꽃이 내게 천사가 되라고 말을 시킨다. 이렇게 한참을 꽃과 말을 하다가 소년에게 줄 여성스러운 꽃 한 다발을 샀다.

졸업하는 남자아이가 이제 소년이 되면서 거쳐야 할 야성미와 남자다움의 당연한 거칠음과 대면했을 때 소녀처럼 고우라고 고운 꽃을 샀다. 그리고 글을 썼다. "가장 강한 것은 가장 부드러움에 있다"는 그 누군가의 말을 나도 역시 전달해야 할 의무처럼 느껴졌다. 내면 속에 올라오는 남자다움의 힘을 어떻게 잘 조절해 나갈까? 마음의 사춘기를 맞을 작은 친구들에게 전하고 싶었다. 꽃들은 부드러움과 자연스러움의 향기로 촉촉이 내리는 비처럼 마음 속에 내려주는 꽃비가 되길 바랬다. 꽃잎처럼 나도 인생을 살면서 누군가에게 향기가 되고 싶다는 마음의 날개를 달아본 날이다.

책 읽는 노신사

돌아오는 버스터미널로 왔다. 이용한 지 10년도 넘은 고속터미널은 놀라 보도록 새 단장을 했다. 수많은 사람들의 수많은 사연들을 싣고 오르내리는 터미널 한 켠에 어릴 적 나의 모습도 회색빛 칼라로 서 있다. 영화의 한 장면처럼 나도 옛날의 그 아이를 웃음으로 마주하면서 만났다. 꼭 들리고 싶던 영풍문고는 자리를 옮겼단다. 매일 이 영풍문고에 출근하듯 들려 하루 종일 동상처럼 서서 책을 읽으시던 한 어르신이 있었다. 어느 날 사장님은 이 고객을 위해 2층 서고에 책상을 내주면서 언제나 읽고 싶으신 책을 이곳에서 맘대로 읽으시도록 했던 곳이다. 사장님의 배려로 책을 읽으시던 시절 lMF가 닥쳤다. 경제는 크게 흔들렸고 대안을 모색하던 때 노신사의 강연을 통해 중동 두바이 건설에 참여할 수 있는 희망을 불어 넣을 수 있었다. 그분을 뵙고 싶어 꼭 한 번 들리고 싶었던 곳인데, 옮겨진 문고에 가면 아직도 한 노신사가 책방 한 곁에 시간 가는 줄도 모르고 서서 책을 읽으실까?

아름다운 사람들은 하늘의 별처럼 어둠이 짙어질 때만 빛을 낸다. 그 수많은 별들이 될 무리들이 서성이던 문고가 있어서 아름다운 곳이었다.

몸의 자연, 잠의 회복

우등 버스의 1인석 차창으로 온통 회색의 먹구름과 빗방울은 암막 커튼처럼 드리워져 아침잠까지 찾아다 주었다. 좋은 잠, 좋은 마음, 좋은 사람들을 만나면 자연처럼 편안하다. 우리는 자연으로의 회복이 시급한 때에 살아간다.

사람 또한 자연의 일부분이기에 자연의 어울림 없이는 살아갈 수 없다. 자연을 잃어버리고 나서야 깊은 후회를 하지만 쉽게 회복이 되지 않는다. 요즘 불면증이 종종 괴롭힌다. 나 또한 잠이라는 자연을 잃어버린 것이다. 달콤한 잠은 정말 내 몸의 산소 같은 자연이다. 숙면을 취하지 않고 몸을 회복해줄 길은 없으니까. 산과 들과 아름다운 목소리의 새들과 강물들이 흐름을 보지 않고도 견딜 수는 있었다.

대지의 자연을 떠나서는 몸이 그렇게 쉽게 병이 나지 않은 듯했다. 그런데 내 몸의 잠이라는 자연의 흐름이 끊기고 나서는 몸은 지탱하기 어려워진다. 요즘은 공기 좋은 산자락에 있는 달콤한 카페를 지인들과 들리곤 한다. 마음을 쉬게 하고 잠을 회복하기 위해서이다. 불면증에 시달리는 이런 지린 이유로 기후위기 비상 행동 활동에 가입할 필요성을 느끼고 있다. 2019년 미국의 시사주간지 타임이 '올해의 인물'로 선정한 크레타 툰베리. 16세 소녀의 작은 외침에 귀를 기울이고 싶다.

-「창조문예」· 2020년 4월호

봄의 소리, 천상의 소리

봄, 꽃의 만남

분홍빛의 꽃들을 보았다. 꽃잎은 금방이라도 바람에 찢겨질 듯 여리고 곱다. 봄에는 초라한 산자락마다 여리고 고운 꽃들이 웃으며 서 있다. 꽃을 따라 들어가면 깊은 산골의 무서움도 잊어버린다. 아름다운 꽃잎을 따서 입에 넣으면 사르르 녹는 아이스크림 같은 맛이 났다. 꽃잎이 아파하는 것도 모른 채 꽃잎을 입으로 가져갔다. 이건 원시인 같은 동심의 세계이다. 에덴에 살았던 하와도 그랬을까? 어린 시절엔 너무 자연스럽게 미안한 마음도 없이 꽃을 따서 먹었다. 너무 곱고 아름다움 때문일까? 이유는 모르겠지만, 감히도 어여쁜 고운 날개를 따서 먹는데 물로 씻을 필요도 없었다. 하늘이 내려준 식탁이었을까?

진달래 꽃잎으로 분홍빛 웃음을 먹었고,
진달래 꽃잎 하나에 하늘의 푸름을 마셨고
진달래 꽃잎에 땅의 부드러움을 숨 쉬고
진달래 꽃잎 하나에 이슬로 씻어낸 사랑을 삼켰다.

어릴 적 이렇게 꽃을 만났다. 산기슭에서 피어나 깊고 높은 곳에도 아름다운 꽃은 하늘하늘 춤을 추고 있어서 산이 무섭지 않았다. 그 꽃의 이름을 진달래라고 했다. 깊은 산속에 천국이 있었다. 나는 어릴 적 아이처럼 나름의 천국의 그림자들을 보았다. 깊고 높은 산은 밤이면 무서운 바람소리로 천상의 흔적을 지워댔지만 여전히 아침이 되면 천국은 그곳에 있었다.

눈 덮인 겨울의 산자락을 무서움 없이 오를 수 있었던 것도 작은 동물들의 발자국 때문이었다. 산속에서 반짝이는 눈망울을 가진 동물들과의 만남은 참 반가운 일이었다. 토끼며 산새들 다람쥐들……. 산속에 저런 아름다운 친구들이 있다는 것만 생각해도 웅장한 산의 두려움을 이길 수 있게 했다. 먹이를 찾아 푸드득 날아오르는 꿩의 소리는 산울림이 되어 헛기침처럼 마냥 심심한 마을을 깨웠다. 겨울 산의 그 쓸쓸함은 산에 사는 생명체의 흔적을 찾아 재미있는 놀이를 제공해 주기도 했다.

하염없이 눈만 쌓이던 한적한 겨울이 지나면 봄은 이름도 모를 꽃들을 앞세우고 찾아온다. 세상에 태어나서 처음 본 꽃들의 이미지는 그냥 참이고 선이었을 것이다. 밭둑에도 논두렁에도 피어나는 온갖 꽃들 중에 보랏빛 제비꽃도 있다. 발에 밟힐까 봐 사뿐사뿐 날아다니기도 했다. 납작 엎드린 채 귀족 같은 빛깔로 사람의 마음을 앗아간다. 손가락에 꽃반지를 끼고 놀다 보면 하루 해가 저문다. 그 날도 난 아무도 없는 동산에 끌려가 천국놀이를 하고 잠이 들었다.

봄, 마음이 웃는 사람

요즘 세상에 살다 보면 무서운 일들이 많다. 사방이 온통 낯설기만 하여 둥지를 찾아 지친 새처럼 방황할 때가 많다. 그래도 토끼 같은 눈망울을 가진 사람들을 만나면 평안해진다. 놀이터에서 노는 아이들의 재잘거리는 웃음 소리를 들을 때도 천상에서 노래하는 청아한 새들의 소리처럼 들린다. 크게 웃지도 않는데 마음이 웃고 있는 얼굴들을 대하면 온통 진달래 꽃잎이 흔들리는 봄

동산에 올라온 느낌이 든다. 봄을 닮은 사람에게선 마음속에 봄의 꽃들이 피어 있다. 이런 사람들이 있어 서로 행복한 둥지를 틀고 등을 기대어 살게 된다. 때론 나의 귀가 어두워지고 눈이 어두워져서 천국의 소리를 듣지 못할까 봐 조심조심 매일 아침마다 마음의 창을 닦아내려 한다. "마음에 핀 꽃을 보는 복된 눈과 귀를 내려 주소서"라고……

강한가 하면 연한 잎사귀처럼 부드러운 태도로 자신을 감싸고 있는 사람도 있다. 그 앞에 서면 온통 봄 내음 가득, 따뜻함에 마음에 긴장이 풀어지고 마음에 졸음이 온다. 그 말 한마디에 일상이 나른해지면서 쉬어가게 된다. 연한 봄 잎사귀를 닮은 사람은 말이 곱다. 똑같은 말도 언성이 높지를 않다. 언변이 좋은 것도 아니지만 언 땅을 녹이고 나온 듯한 부드러운 말 속에 힘을 주곤 한다. 나도 이런 사람이 되고 싶다.

숲으로 가서 숲이 되자

봄이 오면 겨울을 이기고 고개 든 풀조차 반갑고 기쁘다. 한겨울 어떻게 지냈니? 반가워 눈으로 인사를 나눈다. 궁금하고 신기하고 살아서 내 곁에 돌아와 준 것만 같아 저절로 발길을 멈추고 서서 사진을 찍는다. 제일 먼저 고개를 들고 인사하는 건 이름 모를 냉이과에 속한 풀이며 꽃이다. 늘 사람들이 걸어 다니는 발바닥 밑에서 생명을 웅크린 채 돌 틈 사이에 몸을 가누고 있다가 고개를 든다. 사람들이 밟고 지나간 자리, 먼지들이 바람에 이리저리 굴러간 자리, 그 곳에 아늑한 자기 집을 짓고 일어선다. 이런 봄의 친구들을 보면 언제나 부끄러워진다.

물 한 모금 마실 곳도 없었을 텐데 어떻게 기지개를 켜고 일어났을까? 홀씨는 바람이 내려놓은 곳에 불평 없이 기다린 것은 반드시 봄이 오는 걸 알았기 때문이다. 아스팔트 사이에 수십 층의 오르내리는 계단 틈 속에서도 생명은 피어나고 있다. 생명이니까 견디고 이긴다. 우리 모두에게도 다 이처럼 소중한 생명이 깃들여 있음을 깨닫는 것은 위대한 발견이다.

봄에는 들풀에도 고귀함이 깃들여 있다. 거기에 생명이 있기 때문이다. 생명이 위대한 것은 그냥 생명이기 때문이다. 불평 없이 이기고 살아서 더욱 아름답다. 살아 있음에 아름답다. 생명이 깃들어 있어서 아름답다. 생명은 말없이 말을 걸고 생명을 나눠 주기 때문이다. 이것이 자연이 주는 교훈이다. 우리도 자연의 일부분으로서 내가 소유한 생명을 서로 나누며 기대고 서면 아름다운 숲을 이룰 수 있다.

숲으로 가면 우리 모두가 아름답게 변하게 된다. 나도 살면서 숲으로 가서 숲이 되고 싶다. 나 혼자는 존재감이 없지만 숲으로 가서 숲이 되어 숲의 말을 전하고 싶다. 박문호 공학박사님의 말이 생각난다. "인간이 말을 그칠 때 자연이 이야기를 한다." "인간이 말을 내려놓을 때 자연이 말을 걸어온다."고 했다. 침으로 공감이 간다. 개개인마다 개인의 말을 그칠 때 공동체의 이야기가 아름답게 들릴 것이다. 내가 나의 말을 내려놓을 때 비로소 숲이 내게 와 말을 할 것이다. 우리 모두가 숲으로 가서 숲이 된다면 다 존귀한 생명의 자리에 있게 될 것이다. 자연이 말을 걸어오는 숲의 사람이 되고 싶은 성숙한 봄이다.

- 『창조문예』 · 2020년 5월호

팬지꽃, 분수대, 피아노, 클래식 음악이 흐르는 학교

팬지꽃 피는 학교

교정엔 분수가 물을 하늘로 쏘아 올리고, 소녀들의 마음도 덩달아 창공을 향해 새처럼 기지개 켜고 노래하던 정겨운 여자중학교가 있었다. 분수 주위로 보기 힘든 곱게 가꾼 잔디가 있고, 점심시간이면 꽃봉오리 같은 중학생들은 잔디 위에 누워 이야기 잔치가 한창이었다. 황토 흙이 깔린 넓은 운동장은 체력훈련을 하고 고등학교 입시에 통과해야 할 체력시험을 준비하기에 적절했다. 여학교 주변에 남학교가 두 개나 있었다. 여자중학교 교장 선생님이 여성분이셨다. 특별히 섬세하시고 단아하신 교장 선생님은 중학생의 마음에 여성스러움의 길로 안내해 주셨다.

봄이 시작되면 파란색의 기다란 화분에 팬지꽃을 심어

버스 정류장까지 진열을 하고 꽃길을 만들어 주셨다. 보랏빛의 팬지, 노란빛의 팬지, 붉은빛의 팬지꽃들이 이른 아침 등굣길에 마중 나와 우리들을 반겨 주었다. 잎들이 서로 접혀 있기도 하고 얼굴 큰 꽃잎들이 작은 잎사귀들 사이로 비집고 신비한 색깔들을 담아내었다. 진달래, 개나리를 꽃으로만 알고 있던 소녀시절에 만난 신비한 색깔의 화초들은 중학생의 마음 속에도 꽃처럼 아름다움이 피어나게 하셨다.

주변의 문방구를 지나 버스 정류장까지 장식한 꽃들은 하교 전에 교내로 다시 들여 놓으셨다. 밤새 길거리에서 화초들이 밤샘을 할 것을 염려라도 하듯이 교장 선생님은 화초들을 관리하셨다. 어여쁜 우리들을 관리하듯이 밤에는 화분들을 길거리에 놓아두지 않으셨다. 비싸고도 여린 화초들이 상할까 봐 애지중지하시면서도, 교내 밖으로까지 아름답고 향기로운 여학교를 알리셨다. 꽃에 물을 주고 등 하교 할 때마다 화분을 전 교생이 정돈하며 우리들의 마음도 가꾸어져 갔다. 지금도 팬지꽃들은 여린 소녀의 마음을 추억해 주곤 한다.

전교생이 피아노 치는 학교

여자 교장 선생님은 남다른 면이 많으셨다. 중학교 음악시간에 전교생에게 피아노를 가르치게 하셨다. 짐작해서 1학년만 700명에서 1,000명이나 되는데 피아노실을 만들어서 모든 학생들이 개인 피아노 앞에 앉아서 건반을 두드리고 피아노를 칠 수 있는 동기를 부여하셨다.

연습하면 잊어버리고 다시 피아노에 앉기까지 시간이 많이 걸려서 언제나 건반이 익숙하진 않았지만 마냥 행복했다. 특별한 혜택이 주어진 특수 교육을 받는 특별전형의 학교 같았지만 일반 모든 학생에게 주어진 교육이셨다.

그때 당시에 피아노라는 악기는 보기 힘든 부의 상징이었다. 아니 중학교에 들어가서 처음 피아노를 본 것도 사실이었다. 초등학교에서 풍금으로 음악시간에 노래했던 시절에 교육을 받은 입장에서 피아노를 전교생이 배울 수 있는 학교는 아마도 45년이 지난 지금도 흔치 않은 교육현장이다.

클래식 음악교육

교장 선생님은 여기서 그치지 않고 클래식 음악을 들

는 귀를 열어 주셨다. 녹음테입을 구입해서 방학 때 집에서 각자 클래식 음악을 듣도록 하셨기에 자연스럽게 피아노 교육의 연장선이 되었다. 엘리제를 위하여, 행진곡 등 베토벤의 녹턴을 수없이 들으면서 방학을 보냈다.

개학 후 치르는 시험시간은 방송에서 흘러 나오는 클래식을 듣고, 그 곡이 무슨 곡인지 정답을 써야 되는 청음시험이었다. 오디오에 흔하게 접하지 않았던 시대라 정말 그 곡을 알아맞히기에는 역부족이었다. 전혀 무슨 곡이었는지를 알 수가 없었다. 음악에 소질이 없고 바람 소리, 파도 소리, 새소리, 귀뚜라미 소리, 휘파람 소리만 듣던 내겐 전혀 음이 분별이 되지 않았다.

그런데 그때 잠시 들었던 그 명곡들이 나의 귀를 열어주어 어른이 되어 어디 선가 흘러나오는 명곡을 듣자, 귀가 열리고 음을 알아듣게 되었다는 것은 참으로 놀라운 일이었다. 동시에 피아노의 명곡이 마음에 흘러 가슴을 만지고 위로를 받게 됨에 너무나 감사하고 행복했다.

합창경연대회

1년에 한 번 중학생들은 전교생 합창대회를 하였다. 음악시간에는 물론 모두 이론 시험과 함께 실기시험을 치르면서 앞에 나와서 노래를 불렀다. 이론 시험은 그런대로 치루겠는데 이 실기시험이 내겐 큰 장애가 되었다. 지금 생각하면 내겐 성격적으로 대면 기피증 같은 성향이 있었던 것 같다. 음악책을 가지고 앞에까지는 나가는데 친구들의 얼굴을 보는 순간 무슨 중압감인지 부끄럽고 용기가 나지 않아서 음악책으로 얼굴을 가리고 서서 계속 울곤했다. 실기시험은 0점 처리되는 건 다반사였다. 이런 수줍음에도 불구하고 주변에 항상 친구들이 모여든 건 알 수 없는 일이다. 그런 내게도 친구들과 함께 합창대회를 연습하는 동안 음악이 나의 성격을 치유했던 것 같다.

어느 해인가 담임 선생님이 음악 교사여서 합창대회하는데 유리할 것이라는 예측이 있었다. 선생님이 정하신 곡은 "동해나 울산은 잣나무 그늘 경개도 좋지만 인심도 좋구요. 큰 애기 마음은 열두폭치마 실백잣 얹어서 전복 쌈일세 에헤에~ 동해나 울산은 좋기도 하지~"라는 곡이었다. 운동장 마당에서 셋팅된 무대에 서서 연습하고 또 연습하고, 나중에는 햇볕에 멀미가 날 정도로 연습했던 것 같다. 그리고 당시 당당히 1등을 하게 되었지만, 다른 반도 잘했는데 음악 선생님 덕이구나 한 생각이 들기도 했다. 그때 불렀던 민요가 지금도 유일하게 기분

좋을 때 흥얼거리며 중학교의 운동마당으로 달려가게 한다. 그 친구들이 어디에 있을까 보고 싶다. 솔직히 그때의 모습이 보고 싶다. 그때로 돌아갈 수는 없다. 그러나 추억으로는 언제나 돌아가서 지금도 난 합창을 부르는 소녀가 되곤 한다.

나이가 들어 늙어가고 일상에 조급해지는 마음이 들어갈수록 오롯이 여학교의 정겨운 학창시절이 마음속 정원으로 남아 있다. 따뜻한 햇살 가득한 이 정원은 시들지 않는다. 마음이 지치고 서글퍼질 때 이 여학교의 동산으로 들어가는 마음의 문이 열린다. 여전히 나는 실수도 없고 아픔도 없는 해맑은 소녀의 웃음을 웃으며 그 운동장, 그 교실에 있는 그 어린 소녀의 모습을 떠올리면서 아침 이슬처럼 영롱해진다.

자연을 닮은 선생님

그립고 고맙다. 이름도 모르고, 얼굴모습조차 희미해진 그 교장 선생님이 그립다. 어린이의 티를 벗고 막 소녀의 모습으로 자라는 학생들에게 꽃을 가꾸듯 교육의 현장을 마련해 주신 뜻깊은 선생님이 그립다. 그때 배운 그 모습을 지금 내 주변에 고운 팬지를 봄이면 심어본다. 여름엔 속 깊은 연꽃잎을 물에 띄워 키워 본다. 주변을 오가는 사람들에게 작은 자연으로 들어가는 문을 만들어 놓는다. 주변 요양원에 계시는 고운 어르신들이 화단 앞에서 사진을 찍으시며 웃으신다. 올해도 연꽃을 보러 왔노라는 이웃이 있다. 노래가 있고, 피아노는 종일 불협화음조차 아름답게 딩동댕 울려 퍼지고 분수는 하늘로 올라가며 하얗게 부서지는 웃음 꽃 교정을 어느 누가 상상이나 했으랴!

팬지꽃들은 소녀처럼 피어 맞이하는 등굣길, 친구들의 웃음소리, 수를 놓으며 행복한 가정을 꿈꾸게 했던 가정시간, 열강하시던 세계사 시간, 물리, 수학, 한문 등 지식의 마당에서 맘껏 뛰놀던 지성 가득한 눈망울이 싹트던 그 교정이 있었다.

독서로 밤을 지새우며 문학의 언저리를 거닐며 미래의 수많은 가능성을 열어 주었던 그 교정의 풍경이 오늘날 나를 더욱 풍요로운 안식을 안겨준다. 자연이 우리에게 안식을 주듯이 내가 만난 그 교장 선생님은 교육을 통해 우리 인생에 크나큰 안식을 준비해 주셨음을 알게 되었다. 수십 년이 지나는 동안 이런 즐거운 회복을 누릴 때마다 모두 그 그늘 아래의 문으로 함께 들어가고 싶다.

-『창조문예』・2020년 6월호

마음의 정원에 핀 수국

여름의 빛깔, 수국

파란 수국, 푸른 지중해의 물결이 꽃으로 피어난 것처럼 바다를 닮아 있다. 연분홍빛 수국, 소금기 가득한 붉은 빛의 어느 바다의 타오르는 붉은 물결이 꽃이 된 것이 틀림없다고 느껴진다. 새하얀 수국, 바위에 부서지고 솟아올라 포말의 하얀 꿈으로 피어나서 우리 곁에 머무는 신부의 수줍은 웃음꽃으로 피어난 듯하다.

여름이 시작되는 길목이면 해마다 푸른빛 수국은 건너편 집 마당에 무성하게 피어나 파도가 넘실거리고 하늘이 꽃으로 다가온 듯했다. 멀리서 수국이 흐드러지게 핀 친구네 집을 하염없이 바라만 보았다. 난 그 꽃이 우리 마당에 피지 않아서 마음이 가난해져 갔다. 많은 세월이 지난 후 내 마음의 정원에는 그 수국이 피어 있었다. 파란 빛깔의 꽃등이 피어 있다. 마음이 서글퍼지고 낙심이 될 때, 곧 바로 이 수국 꽃이 핀 마음의 정원에 들어서면 마음이 푸르러진다.

마음의 정원에 핀 하늘빛 수국은 시들지 않는다. 여름이 시작될 무렵 창밖에 피어난 수국처럼 마음의 창문을 열고 내다보면 의례히 여름의 창문이 열리면서 흐드러지게 파란 물결이 춤을 추고 있다. 액자를 보는 건지 수국을 보는 건지 분간이 안 가지만 분명한 건 마음속 정원에 피어 있는 수국을 보고 있노라면 겁에 질린 작은 아이가 서 있는 것이 보인다. 늙어가면서 정지된 화면처럼 그 수국을 멀리 바라보는 아이를 보며 웃음을 짓고 있다. 아마도 가장 행복했던 어린 시절이 기억 속에 아름다운 액자처럼 마음의 벽에 걸어 놓은 듯하다. 그리고 이제는 늙어 가면서 추억의 액자를 보며 웃음을 지어 보냄이 참으로 평온함을 안겨준다.

영혼의 고향

나의 주변에 종종 어린이들이 모여들면 영혼의 고향으로 같이 가고 싶다. 잃어버린 고향의 흔적을 찾아가듯 물빛 고운 바다로 데려가고 싶다. 아이들과 함께 보면 어쩌면 더 잘 기억하고 내게 의미 있는 웃음을 지어줄지도 모른다. 내가 어느 별에서 왔는지, 그들의 웃음을 보면 알 수 있지 않을까 싶다.

우리들이 이 대지의 별에서 얼마만큼 따뜻해져야 서로에게 눈이 부신 빛이 되어 줄 수 있을까? 그 정답을 찾기 위해 종종 바다가 그립고 반짝이는 물빛의 노래가 듣고 싶고 녹음 짙은 나무숲의 바람 곁으로 가고 싶어진다. 매우 바쁜 일상을 잠시 멈추고 녹음이 짙어질 무렵 천리포 수목원으로 함께 달려갔다. 만리포 바다에 낙조가 지고, 그 붉은빛 해는 뜨거운 하루를 마치고 조용히 수면 위를 거닐 때 그 발걸음 재촉하는 해를 보러 갔다. 그날따라 안개가 끼고 해 대신 붉은 탑의 등대가 지인들의 발걸음을 모아 사신을 씌는 것만으로도 웃음 꽃이 파도 소리처럼 바다에 떨어지니 갈매기들이 반기듯 날아다녔다.

'슬로우 시티(Slow City) 태안'이라는 팻말처럼 하루가 길게 느껴진다. '하루가 천 날' 같은 성서의 어느 시간처럼 우리가 잠시 꿈을 꾸듯 천상을 누렸음을 나와 함께한 사람들은 충분히 알고 있을까? 우리들이 누려야 할 삶의 진실이 이처럼 아름다워야 하는 이유를 충분히 사모하며 살 동기가 되었을까?

나무들의 이름

임산 민병갈(1921~2002) 박사님이 생전에 가꾼 수목원에 들렸다. 1921년 미국 펜실베이니아주에서 태어나 1945년에 한국에 와서 한국의 문화와 자연에 심취하여 1962년부터 천리포 지역의 황폐한 땅에 식물을 심고 키우며, '세상에서 가장 아름다운 수목원'으로 키웠다고 전해진다. 1979년 한국인으로 귀화했으며 그가 보여준 식물사랑의 공로를 인정하여 한서대학교는 명예 이학박사 학위를 수여했으며, 산림청에서는 2005년 사후에 '숲의 명예전당'에 헌액했다는 내용의 글을 그의 기념 비석에서 읽을 수 있었다.

이 숲의 정원에서 명찰을 단 나무들의 이름을 보노라면 옛날 초등학교 시절에 큰 수건을 달고 이름표를 그 위에 붙이고 등교했던 꿈나무 같던 어린 시절처럼 정원학교에 입학한 나무학생들이 귀해 보인다. 그들의 멋지고도 생소한 이름 몇을 적어보면, 멀구슬나무(중국), 류큐주목잎향나무(일본), 생달나무(동북아시아), 삼색참죽나무(멀구슬나무과, 재배종), 민개털야광나무(중국), 꽝꽝나무(감탕나무과, 재배종) 등을 보면 외국에서 유학 온 나무 학교의 학생처럼 잘 자라주고 있음이 대견하다.

이름도 없는 나무에게 이름을 지어준 나무도 있다. 1978년 완도 식물답사여행에서 자연 교잡된 나무를 발견하여 국제 규약에 따라 서식지와 발견자의 이름을 따서 국제 학회에 등록된 완도호랑가시나무인데 고(故) 민병갈 원장의 이름을 영원히 간직한 나무로 알려져 있다.

자연에게 찬미를

아예사 수국, 마라에시 수국, 노말리스 수국, 수미다 노하나비 수국, 베니가쿠 산수국, 시로수국, 실버달라 나무수국, 그랜디 플로라 나무수국, 니그라 수국, 골리앗 수국, 니그라 수국, 함부르크 수국, 메리츠 슈프림 수국, 홀스테인 수국, 니코블루 수국, 나나 단카 수국, 아카바 나야나 수국, 레드 캡 수국, 제너럴 패튼 수국 등이 필 준비를 하고 있었다. 수국의 잔치가 시작될 무렵 다시 오지 않을 수 없게 했다.

서해의 바다 인근에 이런 뜻깊은 수목원이 있다는 것은 서해의 보고이며 천상으로 가는 꿈을 꾸게 하는 마음의 안식처라고 할 수 있겠다. 마음이 아픈 사람들을 품어 잠시 젖은 날개 마르는 동안 둥지가 되어 줄 것이다. 누군가에겐 바다에 와서 푸른 빛에 마음을 담그고, 마음이 맑아 질 것이고, 또 다른 누군가에겐 깊은 바다에 낚시 줄을 담그며 어린 동심을 건져 올리듯 물고기 한 마리에 뛸 듯이 기쁨을 건져 올릴 것이다.

  바다 모래 위를 걸으며 세상 편한 길을 마주 하듯 맨발로 달리며 조개를 캐며 갈매기와 어울리며 한시름 놓으면 얼마나 좋겠는가? 어느 곳이든 우리를 품어 주는 자연은 병든 마음을 씻어주고 생기를 찾아주는 자연 치료사이다. 자연을 떠나서 살 수 없는 나도 하나의 자연에서 떨어져 나온 작은 잎사귀처럼 자연으로의 복귀를 갈망하는 여름의 길목에서 자연에게 찬사를 보낸다.

-『창조문예』· 2020년 7월호

8월의 노래

바다가 부른다

무더위가 한창일 때는 일상에서 벗어나 고기들이 뛰노는 바다로 뛰어들고 싶어진다. 무더위를 잊을 만큼 바다에 몸을 담그고 색다른 향내와 바다 속의 생물들과 교감하다 보면 바다도 날 반겨 기뻐해 줄 것이다.

바다는 사람이 그리워 철썩 철썩 매일 몇 번씩 해변으로 달려 나와 우리를 마중 나오는 것만 같다. 빨리 돌아오라고 손짓하며 우리를 부르는 어머니의 목소리처럼 들린다. 수많은 생물을 품어 기르는 바다이지만 사람이 제일 그리울지도 모른다는 생각이 든다.

그래서 세상 바다에 사는 우리들의 마음을 달래주고 씻어 주고 푸른 바다에 마음 둘 곳을 찾아가게만 한다. 일상에서 내내 그리워만 해도 곧 신선한 힘을 얻어 살아가게 만드는 위로를 얻는다. 그래서인지 무더위가 짙어지면 바다가 더 그립고, 더 깊은 바다로 나아가 섬으로 가고 싶어진다.

섬이 되고 싶다

내 마음은 항상 섬으로 간다. 생각해 보면 마음 속 깊이 이국의 섬을 늘 그리워하며 살아간 게 아닌가 싶다. 시오노 나나미의 영향일까? 베네치아 공화국을 배경으로 한 『바다의 도시 이야기』를 읽은 이후일지도 모른다. 베네치아인들이 전쟁에 쫓기듯 도망간 곳은 막다른 바다 앞이었다. 모세의 기적을 일으켜 건너갈 수 있는 바다는 아니었다. 앞은 적군이요 뒤에는 바다였다. 어떻게 해야 할까? 항복과 죽음의 기로에서 놀라운 선택을 한다. 생존의 위기 속에 서 있는 자신의 모습처럼 긴장감 속에서 읽어 내려갔다. 한 문장 한 문장 읽어 내려가는 동안 나도 역사 속으로 들어가서 한 걸음 한 걸음 죽음을 피해 도망치듯 읽어 내려갔다.

그들이 죽음을 피해 선택한 곳은 그들의 뒤에 놓여 있는 질퍽거리는 개펄의 바다였다. 있을 수 없는 생존의 길은 열리고 적군은 승리를 예감하고 돌아섰다. 아무도 살 수 없는 개펄 위에 통나무로 기둥을 세우고 도시를 건설한다. 나폴레옹도 이 베네치아 시에 흐르는 S자형의 운하에 반하여 폭격을 멈추게 했다는 바로 그 베네치아의 도시. 그 베네치아의 섬에 가고 싶었다.

드디어 베네치아에 오르기 위해 부둣가에 섰을 때 기둥들이 먼저 마중 나오듯 바다에 꽂혀 있었다. 바로 "너로구나", 살아 있는 사람을 대하듯 마주 보는 내 눈빛에 그들이 반짝이듯 다가와 주었다. 부두에 내려서도 연신 숨 죽이듯 서 있는 이름 모를 수많은 나무들을 향해 사진을 찍었다. 죽은 나무조차 바다의 도시를 떠받들고 서 있는데, 난 살아서 무엇을 떠받들고 살아야 하나? 죽은 나무는 오히려 더 많은 무게를 견디고 도시의 다리가 되어 주었는데 살아 있는 나무로는 견딜 수 없는 모습에서 많은 의미를 건지게 한다. 여름이 되면 해마다 베네치아로 가고 싶다. 겨울이 되어도, 언제나 그 바다 위의 도시인 그 섬으로 가고 싶다.

기적을 이루어 낸 그 도시의 한복판에 서서 그 도시가 들려주는 옛 이야기를 듣고 싶다. 탄생하게 된 사연을 다시 듣고 싶고, 만져보고 싶고, 눈으로 보고 함께 걸으며, "장하다. 기특하다."고 들려주고 싶다. 내 마음 속에 기적의 베네치아가 그 겸손한 도시가, 위대한 섬이 항상 떠 있다. 이탈리아 반도의 바다 위에 섬이 떠 있다면 내 맘 속에도 위대한 섬이 항상 떠 있기를 바란다. 나도 내 일생을 다해 이런 섬에 이르고 싶다. 난 바다의 통나무 위에 세워진 도시이며 섬인 세련되고 겸손하고 아름다우며 죽음이 닿을 수 없는 섬 하나가 되고 싶은 꿈을 꾸고 있다. 나도 내가 아닌 것들이 다 죽음을 거쳐 하늘도시의 다리가 되고 싶다. 이 세상에 떠 있는 섬인, 하늘도시의 다리가 되고 싶은 꿈을 다시 꾸는 8월이다.

산으로 올라가자

녹음이 짙어진 여름날엔 산속으로 캠핑을 간다고 한다. 그곳에 시원한 폭포도 즐길 수 있고, 계곡에서 내려오는 차가운 물소리는 듣기만 해도 얼마나 청량감을 주는가! 산속에서 마음이 들뜬 사람들은 내내 산이 좋다고 말한다. 어느 해인가 지인들을 따라 속리산에 가게 되었다. 처음엔 산을 가자해서 따라 나섰다. 등산은 처음 있는 일이며 그런 여유 있는 삶을 쓸 줄 모른 내겐 곧 큰 부담이 되어 다가왔다. 산 앞에서 눈으로 한 번 죽 둘러

보고 오는 줄 알았다. 실제로 등산하는 것인 줄 모른 것이다. 이웃의 어린아이 3살배기를 데리고 갔다. 내려오는 동안 잠든 아이를 업고 오게 되었다. 산에 아이를 데리고 가자고 한 내 책임이 이렇게 큰 비난과 채찍과 무거운 짐이 되어 돌아올 줄 몰랐다. 그래도 함께 업고 올라가 준 분들은 지금도 내 곁에서 늘 나의 어려운 짐을 함께 짊어지는 이웃이 되었다.

지금 만약에 누군가가 또다시 산에 오르자고 한다면 나는 그 어리석은 짓을 거침없이 할 것이다. 이번엔 얼마나 힘든지 다 알면서도 갓난아이라도 등에 업고 동행할 것이다. 이것이 인생의 묘미며 값진 삶의 발자취임을 살면서 내내 느끼고 있기 때문이다. 어쩌면 다시는 할 수 없는 일인지도 모른다. 단 한 번의 경험인지도 모른다. 힘이 있을 때 산에 오를 수 있기 때문이다. 힘이 있을 때 마음의 산도 넘을 수 있기 때문이다. 인생의 어려운 산을 넘을 수 있었던 것은 그런 이웃들이 있어서 힘겨운 산을 넘을 수 있었음을 알게 된다.

결코 하찮은 산은 없다. 결코 하찮은 사람도 없다. 하나의 톱니바퀴처럼 맞물려 나의 인생의 수레바퀴가 되어 나의 삶에 큰 의미로 다가와 준 한 사람, 한 사람의 고마움을 깨닫게 하는 8월이다. 그 푸르고 높은 산으로 가서 온갖 좋은 것을 누리고 볼 수 있다 해도 나 혼자라면 올라갈 힘이 생기지 않는다. 요즘도 가끔 주변의 어린이들과 함께 인근의 산엘 오른다. 내 마음에 진정성을 내 스스로 살피듯이 아이들과 함께 산에 오른다. 숨이 가쁘고 다리가 잘라질 것 같은 고통이 수반해도 표현할 수 없는 대가를 주고받는 삶을 배운다.

세계의 명산은 각 나라의 등반가들이 끊임없이 오르고 목숨을 담보로 하여 도전하고 있다. 고산의 공포와 추운 겨울의 날씨와 맞서며 언제 덮칠지 모르는 눈사태의 위험을 무릅쓰고 산이 있는 한 산에 오른다. 이 대열에 우리나라에도 유명한 등반가들의 모험정신이 돋보인다는 것은 다행으로 생각된다. 나약한 국민성으로 최소한 얕보지 못할 생각에 그들이 애국자처럼 귀해 보인다. 처음엔 왜 고통을 감수하고 산에 오르는지 알 수 없었다. 사고가 나면 온 국민은 갑자기 국민의 한 사람에 대한 알지 못했던 애정이 솟아나서 자동적으로 염려해야만 한다. 뉴스에 온통 맘을 뺏기고 국가가 대책반을 꾸려 국제적으로 조난 작업에 착수하는 과정에 온 신경을 써야한다. 열악한 환경에서 누군가가 또다시 수고해야 하는 점을 생각하면 꼭 산에 올라가야만 되나 하는 어리석은 때도 있었다. 그러나 지금은 여러모로 산에 오르려는 자연인의 마음을 한껏 응원한다. 다음의 말을 간직하며, '신체적 고통을 무릅쓰고 산을 오르는 사람들은 가슴 벅찬 세상으로 데려다준다.'

내가 올라야 하는 산은 여전히 많다. 가장 오르기 어려운 산은 사람이라는 산이 있다. 사람이라는 산을 뛰어넘는 건 오직 사랑으로만 가능하다는 것을 늦게서 배워나간다. 그 다음은 하나님이 계신 산에 오르는 것이 내 인생에 마지막 오를 산이어서 기쁘고도 애달프다. 소망적이면서도 두렵다. 그 시온 산으로 매일 등반하는 꿈을 꾸고 다시 미끄러지며 슬퍼 낙심하다가도 곧 누군가의 힘을 의지하여 나는 시온 산을 향해 나간다. 8월이 되면 많은 사람들이 자연의 그늘 속으로 찾아간다. 나도 영원한 그늘이 있는 시온 산을 향해 등반을 한다. 잠시도 멈추지 못하도록 내 인생의 계절은 8월의 뜨거운 태양 아래를 걸어온 것만 같다. 그래서 시온 산을 향한 꿈은 커져만 가서 나의 인생의 계절 8월에 감사의 노래로 답하고 싶다.

-『창조문예』• 2020년 8월호

9월, 코스모스를 닮은 가을 하늘의 물결

하늘 바다

 창밖이 온통 가을 하늘 바다로 출렁거린다. 눈이 닿는 곳마다 가을의 온갖 심오한 빛깔의 물결이 흐른다. 하늘은 끝없이 푸르고 높아만 가고 멀어져 가는데도 더 선명하게 보인다. 바다가 하늘인지 하늘이 바다인지 모를 감상에 섞어 올려다보는 가을 하늘은 바다를 닮아 있다. 가을에는 하늘 바다로 가는 길이 열려진다. 하늘이 내 마음에 비춘 건지, 내 마음이 저 창공에 비춘 건지 모를 착각처럼 마음엔 하늘 바다길이 열린다. 번민과 고통의 마음은 더 이상 만져지지 않은 채 거리에 뒹구는 낙엽처럼 떨어져 나간다. 텅 빈 마음은 안타까움 대신 청명한 하늘로 채워진 듯 오히려 시원한 바람이 불어온다.

가을이 되면 원인도 모를 감사의 바람이 불어온다. 이유도 알 수 없는 여유와 평안의 길을 걸으며 마음속에 말을 건넨다. 부족한 것보다는 모든 환경과 현실에 자족하는 감사의 열매들이 열린다. 불평과 짜증과 두려움은 스러져간다. 채운 것 없이 마음은 여전히 마냥 비어만 가고 빈자리로 남아 있다. 그런데 이 비어 있음이 하늘을 날게 하고 현실의 조건에 날개를 달고 바퀴를 달고 땅을 달리게 한다. 인생의 비어 있음의 축복을 알리는 계절인 가을은 그래서 하찮은 모든 것조차 신의 마음을 소유하게 한다. 눈을 들어 바라만 보아도 창밖에 이미 가을 바다로 출렁거린다. 온 땅은 채색 옷으로 갈아입고 눈이 닿는 곳마다 나의 마음도 덩달아 익어간다.

거리에 뒹구는 흔한 플라타너스 낙엽 위를 걸을 때면 우리들은 으레히 아주 친근한 시를 읊게 된다. 레미 드 구르몽(Remy de Gourmont)의 "시몬 너는 좋으냐 낙엽 밟는 소리가" 떨어진 낙엽을 밟는 '바스락' 소리는 저항 없이 스러져가는 명쾌한 울림이라서 좋다. 스러져가는 소리, 비워냄의 소리, 사라짐의 소리들이 아름다운 건 가을이 알려주는 성숙한 함성이다. 완전한 채움은 완전한 비움에서 오는 현상임을 배우게 된다. 가을이 아름답고 숭고한 이유는 가진 모든 것을 하나씩 내어주고 비워가는 소리들로 가득하기 때문이 아닐까 싶다. 인생의 가을을 맞이하면 누구나 이처럼 신의 경지에 이르러 모든 것을 비워낸 자리에서 안식할 수 있을 것이다. 내 마음도 한 잎 떨어진 낙엽처럼 아무 저항도 없이 인생의 뒷자락으로 내동댕이쳐짐을 얼마나 두려워했던가? 이런 뒹구는 낙엽이 되어본 후에야 내 삶에도 바스락거리는 명쾌한 소리가 들린다. 아!~ 바스락! 이 소리가 내 인생의 가을을 알린다.

황금물결

가을의 들판은 황금물결로 만조가 된다. 햇살 따뜻한 날 노도를 달리다 보면 천국으로 들어가는 길목을 보았다는 사람들의 간증처럼 나도 천국을 본 것만 같다. 어느 솜씨 좋은 농부의 뜨거운 손길이 가을의 햇살 아래 누런 벼들은 고개를 숙이고 황금물결을 치고 있다. 어찌 머무른 눈이 아름답다고 하지 않겠는가? 드넓은 들판의 햇살 아래 익어가는 벼들을 보고 부요해지지 않겠는가? 사람의 솜씨인지, 신의 솜씨인지 어떻게 구별할 수 있겠는가? 어떻게 하늘에 감사하지 않을 수가 있겠는가? 저 황금의 들판을 위해 땀 한 방울 흘리지 않는 사람조차도 어찌 내일을 걱정할 수 있겠는가? 당장이라도 낫을 들고 황금의 들판에 들어가서 벼를 베는 추수꾼의 즐거움을 누리고 싶다. 가을의 문 앞에 들어서서 나는 씨를 뿌리는 수고가 가져온 이 아름다운 자연의 충만한 기쁨의 물결을 마주한다.

 하늘의 바다를 우러러본다. 황금의 물결 따라 내 마음은 노래하고 있다. 이 때는 하늘이 땅으로 이사 온 것이 아닌가 싶은 바쁜 마음으로 추수를 하는 손길에서 하늘을 거두고 있음을 본다. 나도 덩달아 하늘을 추수하며 바빠진다. 나도 덩달아 감사를 추수하고 행복을 거두고 기쁨으로 허기지고 찢어지고 비뚤어진 마음을 채우느라 바빠진다. 가을에 들어서면 나는 하늘을 추수하는 농부가 되어 배고픈 마음에 하늘물결로 황금물결로 채워간다. 나도 어느 누군가에게 이런 황금빛 물결이고 싶어서, 나를 마주하는 이들에게 가을 하늘의 바다가 되는 꿈을 꾸는 가을이 즐겁다.

 코스모스의 물결
 가녀린 몸이라서 작은 바람에도 쉴 틈 없이 흔들린다.

흔들리는가 하면 운율을 타고 춤을 추듯 바람에 몸을 맡긴다. 그녀가 흔들리고 나서야 바람이 지나간 것을 알 수 있다. 빨간 잠자리가 잠시 머물러도 흔들거린다. 어떤 작은 존재감에도 그녀는 흔들린다. 그녀는 바로 모두가 겸손함을 배우는 코스모스이다.

이 여린 코스모스 꽃은 우주를 상징하고 있음이 또한 놀랍다. 우주(宇宙)를 표현하는 영어단어인 스페이스(Space), 유니버스(Universe), 코스모스(cosmos) 세 가지 중 하나이기 때문이다. 스페이스는 지표면에서 100km의 공간을 의미한다면 유니버스는 천문학자들이 연구하는 은하계를 지칭한다. 그 중에서 이 코스모스는 철학적 의미를 포함한 우주의 큰 범위를 표현하고 있다. 물론 신학적인 우주의 의미로 칠십인역에서는, kosmos 및 '이 세상'을 의미하는 'aion 아이온'이라는 말의 유의어도 의미해 'oikumene 오이쿠메네'라는 말은 살아 있는 사람이 살고 있는 세계를 가리킨다. 그리스어 코스모스(kosmos)는 질서를 뜻하는 말로, 혼돈(混沌)을 뜻하는 카오스(kaos)와 대립되는 말을 의미한다고 한다. 그래서 코스모스는 우주를 의미하는 뜻에서 혼돈을 질서로, 어둠이 빛으로 나아가는 시간을 여는 꽃으로 알려져 있다.

이 코스모스는 신이 처음 만든 꽃이라고 한다. 그리고 연약해 보이는 꽃에 완성도를 더해 신의 꽃의 창조는 국화꽃에서 완성되었다는 말이 전해진다. 우주라는 이름의 코스모스는 많은 수술들이 별의 모양을 하고 있다. 신비한 꽃 코스모스는 여리기에 바람의 움직임을 감지하는 레이더처럼 내게 바람이 다녀감을 알려준다. 작은 곤충들의 움직임도 알려준다. 우주의 사명으로 살아가면서 끊임없이 흔들리며 질서를 찾아가는 코스모스는 가녀린 소녀를 닮아 있다. 이제 서정주의 시를 통해 가을의 꽃은 성숙된 누님이 되어 있음에 나는 참으로 아름답고 조화로운 질서인 코스모스를 본다. "한 송이 국화꽃을 피우기 위해 / 천둥은 먹구름 속에서 / 또 그렇게 울었나 보다 / 그립고 아쉬움에 가슴 조이던 / 머언 먼 젊음의 뒤안길에서 / 인제는 돌아와 거울 앞에 선 / 내 누님같이 생긴 꽃이여"

가을은 코스모스가 국화로, 소녀가 누나로, 카오스가 코스모스로 가는 길목이다. 서늘하면서 드높은 자유를, 쓸쓸하면서도 부요함으로, 혼돈에서 조화를 이끌어가는 우리도 마침내 코스모스인 가을이다.

-『창조문예』• 2020년 9월호

겨울잠에서 깨어나기

만일 내가 나무라면

나도 누군가의 고백처럼 '만일 내가 나무라면' 하고 생각하는 2월이다. 푸르른 상록수가 되어도 좋겠지만 그 변함없는 높은 이상과 절개는 너무 높아서 늘 외로울 것 같다. 달콤한 작은 열매라도 좋으니 지치고 힘든 창공을 나는 새들에게라도 기억되고 싶은 나무이고 싶다. 무엇인가 깃들일 집이 되어 주거나 작은 모이라도 내어 주는 그런 나무이고 싶다. 사이프러스 나무나 백향목 나무가 되어 보아도 좋을 것이다. 좋은 피아노로 태어나서 내 몸에 매일 아름다운 음을 들려주는 그런 변화를 기다릴 수 있으니 말이다. 백향목은 죽어가는 기간만 해도 천년이 필요하다니 이 얼마나 놀라운 기개인가. 나는 차마 이런 높은 꿈을 혼자 가질 수가 없어 가슴으로만 사랑하고 나무일망정 그 높은 수명과 새로운 변신들에 감탄할 뿐이다.

해외 여행길에서 흔하게 서 있지만 놀라운 그 위용과 품위의 백향목을 보기만 해도 꿈을 꾸게 한다. 죽음 이후에도 생존의 시간 이상 새로운 변신으로 우리들 곁에 얼마나 유용한 가치로 남아 있는가!

나무를 보면서 꿈을 꾸게 되는 또 다른 2월을 맞이하여 새로운 변신으로의 나무가 되어 보고 싶은 소망이 깃든다. 아직 나는 아무것도 내어 주거나 기억해 줄 만한 쓸모 있는 인생나무일 만큼 뿌리를 내리지 못할 수도 있다. 그러나 때론 내가 2월의 나무로 서 있다면 많은 꿈들을 가지고 서 있는 소망의 나무일 것이다. 사람들의 눈에는 쉽게 보이지 않아도 어차피 곧 나의 변신을 알아보게 될 것이다. 2월의 나무가 되어 난 눈에 띄지 않은 채 새 봄을 단장하는 중이니 말이다. 나의 이런 놀라운 변신을 위해 내 인생에 또 다시 맞이한 2월의 어떤 나무가 되어 본다. 누구든지 바오바브 나무처럼 신비한 나무로 변신하고 싶을 것이다. 5천 년의 수령을 가진 나무가 되려고 다시 생존을 위해 기지개를 켜고자 할 것이다.

보랏빛 꽃이 피는 나무

 내가 만일 2월의 나무로 다시 소생하는 봄을 기다리고 있다면 보라색 꽃을 드리울 오동나무가 되고 싶다. 잘 길러 이쁜 딸 시집갈 때 만들어줄 장롱의 재료로 쓰일 테니 소녀는 나를 우러러보고 쓰다듬으며 미래를 묻어 둘 것이다. 어느 날 내 몸이 부서져 멋진 가구로 탄생하여 안방에 놓이게 된다면 이보다 더 좋은 변신의 변신이 어디 있겠는가? 딸을 키우는 부모에게 나처럼 투자가치가 좋은 나무를 또 어디서 찾아보겠는가? 그 집 정원에 이런 나무 한 그루 서 있다면 얼마나 든든한 보험이란 말인가?

 내가 어릴 적 작은 마당 한 곁에 이 오동나무가 자라고 있었다. 그네를 내어 달아 나를 달래주지는 못했다. 먹을 수 있는 흔한 열매 하나 내어 주지도 못했다. 보잘 것 없어 보이던 나무는 곧게 잘 자라며 보랏빛 꽃도 피워내고 있었다. 그렇게 눈에 들어오던 오동나무 한 그루에 대한 이야기를 들었다. 내가 출가할 때 장롱을 만들기 위해 심겨진 나무였다. 내가 태어나던 해에 누가 심었을까? 나와 함께 자라는 나무며 나를 위해 존재하는 그 오동나무가 너무 정겨워졌다. 종종 웃으면서 오동나무를 쳐다

보며 꿈을 키웠다. 나의 미래를 위해 와 준 나무 한 그루에 참 예쁜 마음들을 수놓아 즐거이 바라보았다.

그리고 어릴 적 고향을 떠나 서울로 유학을 오면서 나의 꿈이 되어 준 오동나무를 그만 잊어버렸고 고운 꿈도 사라져 버렸다. 그리고 그 고운 미래를 약속해 준 나무가 필요없게 된 삶을 살고 있다. 나의 꿈이 되어 준 한 그루의 나무는 종종 이상하리 만큼 내 기억속에 서 있다. 그래서일까? 이제 내가 그런 작은 오동나무가 되어 누군가의 미래를 위한 한 그루의 나무가 되고 싶다. 이미 소망을 가진 한 그루 2월의 나무로 새 봄을 기다리고 있다. 곧 3월이 오면 나의 소중한 꿈을 누구든지 알아볼 수 있기 때문이다. 온 가족에게 소망을 주는 한 그루의 오동나무가 되어 보는 내 일상은 벌써 봄이 왔다.

신의 음성이 들리는 2월

신의 부르심을 받은 한 민족은 2년 2월 1일에 명령을 받게 된다. 새로운 민족으로의 태동은 2월 1일에 율법을 받게 됨으로 시작이 된다. 2월이 되어 신의 계획이 선포되고 그 소리를 들을 수 있게 된다. 그들의 시작은 이렇게 새로운 소식으로부터 출발한다. 신의 기대를 받은 그들이 세움을 받기까지 너무 오래 걸린 건 아니었을까? 새로운 봄을 시작할 신의 백성들이 그의 소리를 들을 수 있는 시간이 오기를 얼마나 기다렸을까? 그들이 들은 건 사람다운 사람이 되는 법 조항이었다.

신의 고달픔은 이제 소망이 되어 함께 온 세상에 새로운 봄을 알리는 지상 낙원으로의 회복을 시작하게 된 것이다. 신의 음성을 알아듣기까지 얼마나 많은 고난과 어둠을 겪어야 했던가? 지금도 신의 법은 여전히 깨우침을 기다리며 새로운 봄을 준비 중인 것이다. 우리들의 귀를 열어 복음을 듣고 새로운 봄이 오기를 기대하고 계신다.

이! 너도 깨이고 싶을 뿐이다. 그 음성을 듣고 일어나 그 명령을 시행하는 신의 자녀가 되는 봄을 기다린다. 신은 아카시아 나무라도 좋다 하셨기 때문이다. 신은 자신의 기름을 발라 하찮은 우리조차도 법궤로 만들어 주시니 얼마나 좋은 꿈을 주셨는가! 우리가 함께라면 이러한 꿈을 이룰 수가 있을 것이다. 신의 음성을 들을 수 있는 2월은 신성한 달이다. 어디선가 우리를 부르시는 신의 음성이 들릴 것 같은 꿈꾸는 2월은 자꾸 설렌다.

겨울잠에서 깨어나기

새로운 봄을 준비하는 씨앗들이 발돋움을 하고 대지는 언 땅에 온기를 채우는 2월은 말없이 부지런함을 다 감당한다. 그러고는 그 모든 수고의 대가와 아름다운 찬사는 봄에게 내어 준다. 2월은 사랑의 씨앗을 움트기 좋게 자신의 몸으로 녹여내고 생명의 길을 터준다. 꽁꽁 얼어붙은 대지도 2월이 되면 이미 봄의 시작을 알리는 입춘의 시기에 들어선다. 사람들만 아직 생명의 싹틈을 모르고 지나지만 겨울잠에서 깨어나는 소리가 땅속에서 들릴 때이다. 우리의 귀가 열려 들을 수 있다면 땅속에서 깊은 겨울잠을 자던 친구들이 잠 깨는 소리가 얼마나 신비롭겠는가! 나도 어서 겨울잠에서 깨어나 보자. 나를 얼어붙게 한 작은 근심들과 염려가 얼마나 마음을 차가운 겨울처럼 굳게 했던가. 보리를 밟아주던 어린 시절의 추억처럼 나를 밟아주는 압박이 겨울잠을 자는 동안 나의 마음 더욱 단단히 매어주었음을 알게 된다.

아! 이제 몇 번의 겨울잠을 자면서도 깨어나지 못했던 나의 삶이 이젠 잠에서 깰 때가 되었다. 태양의 눈부신 햇살을 받으면서도 겨울 잠에서 깨어나지 못했었다. 달들의 움직임 속에서도 더욱 나의 깊은 겨울잠을 깨우지 못했었다. 그리고 이렇게 긴 겨울잠에서 깨어나는 순간 이제 들을 수가 있었다. 모두가 사랑이었다는 것을 알게 되는 순간이다. 차가운 냉대와 변하지 않는 태도와 환경들 속에서 희미하게 들리는 깨우침이 나의 깊은 잠을 흔드는 우수가 되어 주었다. 단 하루도 사랑받지 못한 날이 없었던 것이다.

모든 것이 사랑이었다는 걸 아는 순간이 나를 깊은 겨울잠에서 깨어나게 한 것이다. 사실 태어나는 순간부터 겨울 보리가 밟히듯 밟히는 순간에도 나에겐 모든 것이 다 사랑이었다. 이 사실을 알기까지 난 너무 긴 겨울잠을 잔 것이었다. 이제 시링을 블 줄 알고 사랑의 소리를 들을 수 있는 의미있는 삶이 되는 새봄을 맞이하고 있는 위대한 2월이 왔다. 이제서야 사랑의 의미를 되새기며 이 고독한 겨울잠에서 깨어나는 축복의 2월을 맞이한다.

- 『창조문예』 · 2020년 2월호

봄의 소리

수선화 – 봄의 촛불

봄이 오면 다소곳이 얼굴을 내밀고 노랗게 솟아나온 제법 큼지막한 꽃송이가 웃고 있다. 노란 햇살같이 땅에서 솟아난 태양처럼 대지를 밝혀준다. 축제의 날이라고 매일 노란 촛불 되어 찾아온다. 봄의 축제를 알리듯 따스한 불빛이 되어 봄의 문을 열어준다.

노란 개나리 친구들 노란 유채꽃 친구들과 함께, 난 노란 옷을 걸쳐 입고 축제를 즐긴다. 나도 3월의 꽃이기 때문이다. 어머니가 나를 3월의 꽃으로 태어나게 하셨으니 나도 3월의 꽃이다. 나지막한 땅 아래에서 겨우내 자신의 목숨줄 부여잡고 노란 생명으로 태어나준 저 수선화가 고귀하다. 어머니도 나를 자신의 목숨줄보다 더 모질게 부여잡고 고된 일상의 꿈을 피우기 위해 열 달 내

내 품어 내었을 것이다. 아니 지금도 나는 어머니에게 노란 꽃이 되어 피어 있다. 어머니가 볼 수 있는 동안 나는 어머니의 꽃이 되어 그녀를 언제나 행복하게 하는 꽃이어야만 한다.

아직 다른 친구들은 한참을 기다려 꽃을 피우는데 비해 작고 여린 몸이지만 이른 봄에 마중 나온 게 대견스럽다. 마치 자신이 이 때에 나오지 않으면 다른 꽃들에 파묻혀 존재감을 상실할 것을 알고 있었던 것 같다. 오직 노오란 수선화는 독보적이다. 아직 대지에 잠자고 있는 많은 식물들에 비해 일찍 자신의 몸을 일으켜 세운 자태가 너무 곱다. 아니 너무나도 눈부셔서 집 앞 언덕 아래로 눈이 자꾸만 간다. 쓰레기들이나 나뒹구는 구석진 곳에서도 충분히 그곳에 피어나 자신의 왕국을 건설할 만큼 많은 눈길을 주목시킨다. 그리고 축복의 언어로 자신을 바라보는 사람들에게 말을 건다. 자신에게 쏟아지는 많은 탄성들로 인해 사람들의 마음에 축복의 노래를 부르게 해주는 수선화 그녀는 땅의 천사이다.

"어머! 여기 좀 보세요! 노란 수선화가 폈어요. 여기 이 언덕에요. 아니 이 구석진 곳에 언제 여기서 피었을까요?" 그때서 소스라치게 놀라며 꽃대가 잘 서 있도록 주변을 깨끗하게 다듬어 주고 오가며 저절로 발길을 멈추고 눈길을 마주칠 때마다 웃어주곤 한다. 말이 없는데 노란 자태로 피어난 수선화는 자꾸만 밝은 미소를 가슴에 밝혀준다. 그래서 한참이나 들여다보고 깨끗하고 행복한 마음을 채우고 나도 수선화가 피어 있는 동안 천국을 맛보게 된다.

낮은 땅에 촛불을 밝혀 축제를 열어주고 땅에서 솟아난 태양처럼 대지를 밝힌 저 수선화가 아름다운 건 사실이다. 노란 물결되어 담마다 기대어 손짓하는 개나리들은 노란 손수건의 이야기처럼 나를 환호하는 것도 사실이다. 강 언덕마다 개나리 꽃의 노란 물결에 내 영혼이 유영을 할 때마다 나는 육지의 고래가 되어 춤을 즐긴다. 그러나 나는 3월의 꽃보다는 3월의 나무 꽃이 되어 더 많은 이야기를 나누고 싶다.

히야신스 - 요술 방망이

양파 알맹이만한 것을 묻어 놓았다는 이야기를 들었는데 쪼글쪼글 보랏빛 알맹이들을 달고 나온다. 노란 알맹이들, 하이얀 진주들이 서로 붙어 고개를 들고 양파잎들이 나오듯이 쏘옥 고개를 밀고 나온다. 여전히 보잘것

없은 한해살이 풀처럼 대한다. 얼마 지나지 않아서 뿜어 나오는 짙은 향기에 고개를 돌린다. "와! 이게 뭔가요? 너무 신비해요. 애 이름이 뭐예요?" 어린아이들 할 것 없이 향내에 취해 발을 멈추고 박물관이 되어 관찰한다. 언제 저 작은 기둥에 붙어 있던 보랏빛 주머니들이 눈을 뜨고 활짝 피어 나를 보고 있는 걸까? 너는 누군데 나를 보려고, 이 세상 보려고 이렇게 고운 눈을 뜨고 온 거니? 그때서야 화분을 들고 서재며 방이며 거실이며 식탁을 찾아가면 옮겨 놓는다. 살짝 미안해지기도 한다. 이렇게 야단스럽게 관심을 가지고 대하는 건 바글바글 붙어 있는 꽃송이마디 눈을 그게 뜨고 향기를 품어 주기 때문이다.

노란 히야신스에선 노란 향기가 난다고 들떠서 들여 나보고 마음이 노랗게 가을 은행나무처럼 성스러워진다. 보랏빛 히야신스에선 보랏빛 냄새가 난다고 신이 나 있다. 그렇다. 난 보랏빛 냄새가 무슨 냄새인지 설명할 수는 없다. 그러나 그 보랏빛 히야신스에서는 보랏빛 라일락의 냄새가 난다. 그건 서글프고도 고독한 냄새이다. 황순원의 소나기 같은 사랑의 냄새가 난다. 가슴이 시리고 가슴팍이 조여온다. 그리고 내내 그 보랏빛 향기가 마약처럼 깨어나질 못할 아련한 잠을 재운다. 하이얀 진주 같은 히야신스에선 하이얀 냄새가 난다. 그건 순백의 냄새이다. 무한한 꿈을 항상 꾸게 하는 냄새라서 좋다. 히야신스의 냄새를 맡고 있으면 미래의 환한 길이 보이듯이 하루 하루의 일과들이 햇살 아래 빛나듯 반짝이는 은빛 모래알처럼 작고 가벼워진다.

주황빛 히야신스에선 주황빛 향기가 나온다. 이건 어떤 향기일까? 이건 아마 쉽게 맡을 수 없을 것이다. 이 꽃의 향기를 맡고 있으면 그냥 주홍빛 글씨가 떠오른다. 인간의 내면 속에 감추어진 깊은 속죄의 향기와도 같다는 생각을 하게 된다. 이 주황빛 히야신스의 냄새와 향기를 알아내기가 정말 힘들만큼 신비롭다.

어느 색깔보다 짙은 향기를 품으며 자신의 메시지를 전할 때마다 나타니엘 호손 작가가 전하려는 간음(Adulteress)이 유능(Able)으로 인식되도록 살아가는 헤스터 프린의 냄새가 난다. 작가 호손은 마침내 헤스터를 통해 천사(Angel)의 향기를 전달하고자 한다. 그리고 마침내 저마다의 해설자들의 눈에 마침내 'A'라는 단어가 미국(America)을 의미하는 것으로 해석하기에 이른다. 진정한 자유는 죄를 인식할 때라는 의미를 알려준다. 아! 인간의 진정한 구원과 자유를 깨닫는 길이 어렵듯이 히야신스에게 깊은 의미를 찾는다. 이 주황빛 히야신스는 짙은 향기로 인해 취할 만큼 강한 메시지를 전하고 그 무거운 메시지만큼 고개를 떨구고 금새 시들어 버리거나 요술방망이처럼 푸른 잎사귀로 변신하고 만다.

홍매화 – 봄의 전령사

봄의 꽃들이 아름다운 천사의 날개로 날아와 봄을 수놓아 주어도 난 나무에서 핀 꽃들이고 싶다. 그들에게로 눈을 들어 바라보며 나도 그들처럼 익어가고 싶다. 하얀 목련꽃이 얼마나 고귀하던가! 어머니의 거룩한 목덜미를 닮은 듯 고귀한 목숨으로 숨 쉬는 목련 앞에 서면 어머니의 심장소리가 들린다. 노란 개나리의 물결 속에서 어찌 천신한 어린 진구늘의 얼굴이 떠오르지 않겠는가! 수선화의 촛불 등을 들고 나를 마중 나온 난장이들처럼 보일 때 어찌 왕자님의 보호를 받을 백설공주가 되지 않겠는가! 짙은 고뇌의 철학자가 되도록 향수를 뿌리는 히야신스의 향내에 빠질 때 어찌 철학자가 되지 않겠는가!

그래도 난 나무에 핀 꽃들이고 싶다. 봄의 전령사라고 하는 매화꽃이 되어 피어나고 싶다. 그리고 눈부시도록 바람에 흩날리고 싶다. 온 천지를 꽃잎이 되어 덮어주고 싶다. 그렇게 흩날리고 스러져도 꽃잎은 열매로 남아 익어가서 좋다. 여름이 와도 푸른 빛의 열매로 남아 실한 과육이 되어 살찌는 소리가 들리니 좋다. 그 열매는 많은 사람들에게 유용한 가치를 가지고 살아서 그들에게로 하나가 되어간다. 꽃들이 된다면 풀꽃보다는 나무의 꽃이 되어 나의 생애를 녹여 피고 지고 생명을 주고 싶은 것이다. 생명으로 남아 생명으로 들어가고 싶은 것이다.

나는 매서운 추위를 견디고 피어난 매화나무의 꽃으로 피어나 열매로 익어가는 꽃이고 싶다. 그렇게 자라 4월에 피는 복숭아꽃이고 싶다. 사과꽃이 되고 싶고 배꽃이 되고 싶다. 그렇게 생명으로 남아 생명으로 들어가고 싶다. 누군가의 양식이 되기 위해 피고 싶다. 그래서 난 오늘도 작고 힘없는 생각들을 거미줄처럼 부여잡고 투명한 세계를 수놓아 아침이슬이 나에게로 와 진주가 되어 주는 새 아침을 열고 성을 만들기 위해 작은 일상을 가꾼다.

− 『창조문예』・2020년 3월호

순백의 꽃들이 지고 나면

산딸나무

잎사귀들 위에 하얀 아기 모자를 쓰고 있는 듯한 나무가 바로 산딸나무였다. 만인산 산책로에 피어 있는 이 하고도 흰 꽃잎은 잎사귀 위로 피어 있다. 산딸나무의 꽃이 피고 자라는 동안 그 여러 모양이 들려주는 이야기를 듣고자 달려가게 된다. 시간이 지날수록 이 꽃잎은 쉽게 시들지 않고 6~7월의 녹음과 더불어 꽃잎이 잎사귀로 물들어 간다. 아카시아의 꽃잎이 향기로 온 산을 가득 메워 벌떼들을 불러 모았던 즐거운 시간이 지나갔어도, 이 산딸나무의 꽃은 여전히 눈을 매혹시킨다. 때죽나무의 흰 꽃잎들이 잎사귀 아래로 주렁주렁 포도송이처럼 매달려 피었다 지고 난 자리에 파란 줄기들만 남아 있다. 수줍은 듯 잎사귀 아래로 하얀 손짓을 할 때면 올려다보아야 보였던 자리마다 푸른 가지들로 남아 있다. 이팝의 하얀 꽃잎들도 잎사귀 위로 솜뭉치 뭉치듯 하늘하늘 피어 있던 자리마다 무성한 푸른 잎들만이 가득하다. 평온의 잔잔한 눈도장을 찍어주듯 마음의 샤워가 가능했던 순백의 또 다른 찔레꽃도 이미 다 지고 푸른 잎들이 무성하다.

아! 그런데 내 영혼의 깊은 곳을 만져주는 산딸나무의 꽃잎은 그들의 순백의 미보다 더욱 눈부셨다. 네 장의 흰 꽃이 나란히 마주 보고 하늘을 우러러보고 있었다. 네 장의 꽃잎이 마주 보고 있는 모양이 십자가를 닮아 십자가 나무로도 부른다. 그래서인지 하늘로 승천하신 주님을 가리키듯 하늘을 향해 꽃잎 끝이 가늘게 뻗쳐 있었다.

순백의 꽃잎들이 다 져버린 후에도 산딸나무의 꽃은 지지 않고 피어 있다. 여름이 깊어 질수록 이 산딸나무의 꽃잎은 잎사귀로 변신하여 연초록의 잎사귀 같으면서도 꽃잎 같기도 한 게 분별하기가 어렵다. 자세히 들여다보면 바로 흰 꽃의 꽃대가 더 솟아 나와 또 하나의 다른 초록 꽃잎이 되었음을 볼 수 있다. 이때는 잎사귀 위에 촛대를 하나씩 세우고 푸른 꽃잎이 하늘을 밝히는 촛대를 닮아 있다.

주님 가신 그 길을 밝히려고 이 꽃잎은 또다시 촛대로 변신하여 꽃대에 제법 힘이 들어가서 우뚝 솟아 있는 모습이 참 신비하다. 녹음이 짙어질수록 더욱 초록의 잎으로 변하고 아래로 잎들이 말리면서 꽃술이 붉은 열매를 맺을 준비를 하고 있다. 이 열매는 가을이 되면 우둘두둘한 모양의 붉은 색으로 잎사귀 아래로 매달릴 것이다. 그리고 거리에 자신의 열매들을 쏟아 놓는다. 산새들에게도 먹을 것이 되고 다람쥐도 달려 올 것이고 사람에게도 약용의 가치로 남겨진다. 지난가을 산을 걷다가 신기한 붉은 열매들을 모아 사진을 찍어 둔 아이들이 바로 이 신밀나무에서 온 것이었나. 이 신비한 나무의 변신을 알아보고 싶었다.

예수님을 닮은 나무

주님은 자신의 마음도 나눠주시고 자신의 몸도 죄 값으로 내어주시고도 여전히 우리를 자신 안에 두시고 자신처럼 아껴주시고 보호하신다. 사람을 구원하여 사람에게 자신을 닮으라고 길이 되고 친구가 되어 주셨다. 또한 사랑의 왕이 되어 친히 우리를 다스리고 통치하시고 계신다. 주님의 생명을 받아 살아가는 참된 자유를 얻기까지 영원한 생명의 근원이 되어 주신다. 여기 이 산 속에서 나는 주님을 닮은 산딸나무를 바라보면서 그의 침묵 속으로 들어간다.

산딸나무의 목재는 단단하여 예수님이 십자가에 못 박힐 때 쓰인 나무였다고 한다. 당시 예루살렘에서는 가장 큰 나무였지만 예수님이 십자가에 못 박힌 이후 다시는 십자가를 만들지 못하도록 하나님께서 키를 작게 만들었다는 설이 있다.

예루살렘의 산딸나무에서 예수님의 이야기를 들려주었듯이 나는 이 만인산에 서 있는 산딸나무를 통해 주님의 성스러움에 취한다. 십자가형의 꽃잎에서 촛대가 되어 주신 주님처럼 산딸나무의 꽃잎은 순백의 꽃들이 다 지고 난 자리에 홀로 꽃대를 세워 푸른 꽃잎으로 변신하여 나뭇잎 위에 우뚝 솟아 있다. 연초록의 잎으로 변신을 해가며 잎사귀 위에 십자가형의 촛대가 되어 하늘을 밝히고 있다.

나무들이 들려주는 이야기는 이 산딸나무에서 그치지 않는다. 나무들이 꿈을 꾸고 그 꿈이 주님을 만남으로 이뤄지는 동화가 생각이 난다. 바로 엘레나 파스퀼리의 세 나무 이야기인데 읽고 또 읽었던 기억이 난다. 이 작가는 나무가 꿈을 꾸고 있다고 시작한다. 아동문학 작가다운 섬세하고 친근한 이야기로 시작되는데 어른이 되어 읽은 나에게도 어린아이처럼 가슴이 설레였으니 참 신기했다. 언덕에 서 있는 세 나무가 하나는 부자나무가, 하나는 힘센 나무가, 하나는 하늘을 우러러보는 나무가 되기를 소망한다는 이야기에 왜 가슴이 뛰었는지를 몰랐다. 그리고 마침내 세 나무는 나무꾼에게 찍혀져서 그 꿈이 산산조각 난 것 같은 그 순간 예수님을 통해 소망을 이룬다는 이야기이다.

보석상자가 되어 부자나무가 되고 싶었던 첫 번째 나무는 허름한 마굿간의 구유가 된 순간 비참했지만 아기 예수님의 침대가 되자 꿈을 이룬다는 이야기가 얼마나 아름다운가! 두 번째 나무는 갈릴리의 가난한 어부의 배가 되지만 왕이신 주님이 타시게 되어 힘 있는 배가 되고, 나머지 세 번째 나무는 주님을 못 박는 십자가가 되어 영원히 하늘을 우러러보게 되는 꿈을 이룸으로 내게도 꿈을 안겨준다.

녹음 아래
태양이 지구를 향해 끝없이 타오르고 있을 때 우리들

의 눈은 녹음의 구름을 따라 쉬어간다. 꽃이 지고 난 나무들에겐 녹음의 구름으로 다시 피어 난다. 구름 나무로 내게 가까이 머물기 위해 그토록 아름다운 꽃잎들과 작별한 의미를 찾게 된다. 하늘에 구름이 지나간 뒤에도 구름 나무들은 더욱 푸른 구름으로 퍼져나가 도로마다 산마다 사람들을 환영하며 맞이해 준다. 나무들에게 이렇게 감사하며 고마운 마음이 들 수가 있다는 건 나의 눈의 시력이 깊어진 것이 틀림이 없다. 아! 깊어가는 시력은 어디까지 볼 수 있을까? 삶의 무르익음은 더 아름다운 걸 보게 한다는 걸 알게 된다. 나무들에게 듣는다. 그토록 아름다운 꽃들이 지고 나면 사람을 꽃들처럼 맞이하고 있다.

자연과 사람은 분리되어 있지 않았다. 우리의 삶을 향해 자연도 끊임없이 변신하며 다가오고 있음을 이렇게 알게 된다. 사람은 그래서 자연의 일부가 되어 자연으로 돌아가는 길목에서 그들을 보고 안위를 얻게 되는 것 같다.

여기 무거운 여름의 무게에 짓눌려 숨을 쉬기 어려울 때 폭염보다 무거운 삶의 무게를 지고 가는 사람들이 지치지 않기를 나무들도 응원하고 있다는 걸 보게 된다. 무더위 속에 비록 약간은 주눅이 들고 풀이 죽은 채 어깨를 떨구고 있어도 새벽을 지나 아침에는 다시 푸르게 푸르게 생기를 주고 있다.

폭염 아래서 시들지 않고 견디는 나무들, 풀들을 바라다보는 순간 나의 지친 어깨가 다시 힘이 난다. 저토록 작열하는 태양아래 녹음의 그늘이 되어 나의 삶을 응원하고 있음에 눈물이 난다. 우리들의 삶의 무게는 때로 저 태양의 무게보다 더 지치고 고달프게 한다고 말하고 싶지만, 녹음의 그늘 아래서 시들지 않는 법을 배우게 된다. 그토록 아름다운 순백의 꽃잎들이 지나간 자리에 사람을 꽃으로 마주하여 녹음의 구름이 되어 지금 이렇게 안식을 주고 그늘을 내주며 응원하고 있는 나무들에게 나도 인사를 할 차례가 된 것 같다.

뜨거운 태양을 막아주는 나무들처럼 나도 누군가의 구름으로 누군가의 그늘이 되어 안식을 베풀고 쉬어가는 한 그루의 나무를 닮아가겠노라고……. 태양보다 더 뜨거운 삶의 무게에 지친 영혼들이 새벽을 맞아 다시 기운을 얻도록 내 마음도 저 푸른 녹음이 되어 출렁이고 싶다. 언제나 반짝이는 마음으로 응원하는 나무가 되고 싶다. 그늘이 되어 안식을 내어 주고 마지막 열매까지 다 내어 주고 빈 가지로 추운 겨울을 맞이할 때도 부끄럽지 않는

한 그루의 나무처럼 사랑의 나무로 기억되고 싶은 꿈을
여름에게 배운다. － 『창조문예』・2022년 7월호

3부

어머니의 목소리

어머니는 신을 만나게 하는 문이다.
그 사랑은 침묵의 강이 되어 흘러
내 영혼을 깨우는 소리가 된다.

자연과 함께 문명의 길을 가다

소 구루마와 문명의 냄새

방학이 되면 아버지는 일본 유학길에서 시골집으로 내려오셨다. 일반 버스도 흔히 볼 수 없는 시절이라서 유일한 교통수단은 도보나 소가 끄는 구루마가 전부였다. 그런 시절에 아버지는 어디서 빌렸는지 트럭을 타고 양복을 입으시고 금의환향하시듯 나타나셨다.

아버지가 가져오신 선물 보따리는 주위에 구경할 만큼 문명의 냄새가 나는 진귀한 것들이었다. 라디오와 비타민, 전기가 없어 쓰지도 못하는 가전제품들과 21세기 지금도 보기 힘든 입체 철재 통에 담겨진 크레파스와 아름다운 문양의 연필 등 다양한 학용품이 쏟아졌다. 예쁜 옷가지며, 신발과 그 중에서 빨강가죽 가방은 제일 눈에 띄었다. 그 빨간색의 튼튼한 가죽가방을 메고 학교를 다

녔다.

그런 가방을 메고 학교에 가는 아이는 나 하나뿐이었다. 보자기로 가방 대신 책을 싸서 여자는 허리춤에 남자는 어깨에 가로 메고 다니던 때였다. 옷이며 신발 학용품 등 모두가 넉넉하지 않던 때에 일본에서 가져온 여러 물건들은 나로 고급진 것들을 누리고 살게 하였다. 그러나 그때는 일제를 쓰는 것이 왠지 눈치가 보이던 터라 맘 놓고 자랑할 만한 것이 못 되었다. 그러나 소녀의 감성은 자극이 되었다. 철재 통 위에 그려진 비현실적인 성과 아름다운 공주의 모습은 상상의 나래에 유토피아적인 꿈을 꾸는 것만으로도 횡흘했다.

이런 문명의 냄새들은 행복하고 안전한 성을 바라는 마음에 출구가 되어 주었다. 아버지의 진귀한 물건들을 통해 문명으로 나가는 다른 세상으로의 길을 맛보게 되었다. 성장하여 세계 각 나라를 다니면서 역사적 유래를 돌아보는 동안 가장 아름다운 건 자연을 떠나지 않은 문명이었다. 문명이 문명으로만 있다면 자연으로 돌아가는 길이 막힌 듯 뭔가 답답함을 느끼게 했다. 한강이 없는 서울을 생각하기만 해도 역시 답답하다.

자연이 인간에게로 인간이 자연에게로 가는 길을 걸을 수 있다는 것은 참으로 행복이다. 울창한 숲들이 과학적인 문명의 보호를 받아 공존하며 인간에게 더 안전한 환경으로 거듭나는 자연은 우리가 돌아갈 수 있는 길이다. 내가 보았던 태고의 흔적을 가진 고향의 자연은 언제나 내가 돌아갈 수 있는 마음에 놓여진 길이다. 그런 길을 여행이나 그림이나 영상으로만 경험한 이 시대의 젊은 이들이 기억 속에 없는 자연의 소리가 아쉽다. 자연의 핍절을 극복하고 자연으로 돌아가는 문명의 새로운 길이 더 넓게 열리길 바란다. 요즘 젊은 층에서의 귀농이 어쩌면 자연과의 핍절에 대한 해갈이 되어줄 것만 같아 기쁘다.

길이 보이지 않을 때

한여름의 뜨거운 햇살 아래 소낙비가 쏟아진 탓일까? 외가댁에서 돌아오는 길에 그만 강물이 불어 길이 끊기고 말았다. 어렴풋한 생각에 푸르게 자란 벼들이 논에 꽉 들어찬 걸 보면 여름의 장마철이었을 것 같기도 하다. 아버지와 함께 어머니 친정 나들이에 동행하게 되었다. 외가댁에 큰 어르신이 계신 신 씨 집안에 인사를 하러 가셨다. 머리가 희고 나이가 드신 것에 비해 정갈한 옷을 입고 목소리도 우렁차고 아이의 눈으로 보아도 평범해 보이진 않았다.

집안도 대궐 같았다. 한눈에 보아도 쾌활하고 신사적인 친척 오빠도 있었다. 역시 그 청년에 대한 칭찬과 그 집안의 기대주라는 말로 어른들은 집안일과 미래를 가늠하며 아버지께 그 청년의 장래를 부탁하는 듯했다. 아버지의 눈에도 장래가 촉망되는 청년이 맘에 들은 눈치였다.

참으로 인생은 알 수 없는 일이있다. 한눈에 보아도 멋진 그 청년은 군 입대를 하려고 기차를 타고 가던 중 잘못 내려 깡패들에게 붙들려 매를 맞고 행방불명이 되어 얼마 후에 돌아왔는데 폐인이 되고 말았다. 용기와 패기가 넘쳐 흘렀던 그 친척 오빠는 이후 다시는 그 모습으로 돌아오지 못했다. 그 후 짧은 생을 스스로 마감하고 말았다. 그 집안은 가세가 점점 기울어만 갔고 어르신이 떠난 후 부모님의 손을 잡고 다시는 인사하러 갈 일이 없게 되었다. 훌륭한 집안의 어른을 다시 볼 길이 없다는 게 서운했다. 씩씩한 청년이 위기를 넘기고 삶의 주인이 되는 길을 찾지 못한 게 오랜 동안 내 맘속에도 아픔과 의문으로 남았다. 왜 돌아올 수 있는 길이 없었을까?

 친척 집의 방문을 마치고 돌아오던 그날, 어머니는 오랜만의 아버지와의 나들이에 아버지가 사오신 분홍색 수놓은 양산을 쓰고 멋을 부리고 나선 길이었다. 돌아오는 길에 그만 강물이 넘쳐서 집으로 가는 길이 막혀버렸다. 후두둑! 급하고 굵은 비가 내리자 우리 셋은 좁은 양산 밑으로 몸을 피했지만 우산 하나로 비를 막을 수는 없었다. 머리만 가릴 뿐이었으나 그냥 놀이처럼 신나고 재미있었다. 수를 놓고 구멍을 뚫어 멋을 너무 부리다 보니 문명의 세계에서 온 양산은 비가 새어 들었다. 다행히 소나비 같은 빗줄기는 멈췄지만 불어난 샛강을 건너는 게 문제였다. 난 당연히 잠시 후에 아버지가 어머니와 나를 하나씩 업어서 센 물줄기를 헤치고 건너려니 하고 기대하고 있었다. 잠시 후 뜻밖에도 아버지가 아닌 어머니가 바지를 걷어 올리시고 나를 업고 건너편에 내려 놓으셨다. 그 후에 일어난 광경은 더 놀라운 일이었다. 가냘픈 어머니의 등에 양복 입은 아버지가 업혀서 겨우겨우 한 걸음 한 걸음 물속을 헤치고 건너오시는 것이었다. 어머니는 누가 봐도 왜소한 작은 체구며, 아버지는 누가 봐도 건장한 체구였다. 어머니 등에 소만한 아버지가 업혀오는데 물살에 떠밀려 쓰러질 듯 건너오는 모습에 조마조마했던 기억이 난다. 어머니의 그런 힘은 어디서 온 것일까? 아버지에 대한 기대감은 무너졌지만 어머니가 선택한 길은 신성한 울림이 되었다.

 아버지는 이렇게 어머니의 도움을 끊임없이 받으며 가장의 길과 교육자의 길을 훌륭히 가셨다. 매순간 예상을 뒤엎는 어머니의 선택을 보면서 언제나 나는 아무도 걸어가지 않은 길을 걸어가시는 어머니에게 힘을 얻기 시작했다. 그리고 문명의 혜택을 전혀 받지 못하신 어머니가 학문적인 문명의 혜택을 최고로 받으신 아버지를 도우시는 지혜를 보게 되었다. 그리고 지금도 길 없는 길을 걸어가는 법을 배우며 산다. 어머니가 걸으면 막다른 길이 새로운 길이 되었고 또 꽃길같이 아름다운 향내가 난다. 자연에게서 이런 길을 찾았을 어머니는 지금도 혜택만 누리고픈 문명의 길에서 방황할 땐 그대로를 받아들이는 길을 터 주신다. "어쩌겠니?" 하면 길이 아닌 것 같은 길을 가는 평안을 주신다.

– 『창조문예』 · 2020년 10월호

대자연의 굴레와 인간의 성숙

장마에 떠내려가면서도, 딸아 울지 마라

늦은 장맛비가 전국적으로 무섭게 내리던 역사적인 해였다. 그런 장맛비는 장대비처럼 쏟아져서는 마당에 혼자 서서 우는 아이의 살갗을 아프도록 때렸다. 여자아이는 때리는 비가 아파서 혼자 살겠다고 처마 밑으로 피하여 서서 엉! 엉! 울었다. 순식간에 깊은 바다로 변한 논에서 소녀의 엄마는 허우적거리며 둥둥 떠다니셨다. 그런 엄마를 건지러 들어갈 수도 못 본체 할 수도 없어서, 발을 동동 구르며 소리 내어 울기만 했다. 키가 작은 소녀의 어머니는 발이 땅에 닿지 않아서 흙탕물이 된 더러운 물속에서 볏단을 건지러 둥둥 떠다니셨다. 순식간에 논은 전쟁터로 변했다. 동네 마을 사람들은 온 가족이 총동원되어 네 것 내 것 할 것 없이 건져 가면 그것이 다 자신의 볏단이 되었다. 소리를 치면서 아우성대는 흙탕물 속에서 어린아이의 어머니는 혼자 힘으로 거세게 떠내려가는 볏단을 건지려고 허우적거렸다. 물먹은 볏단을 잡아 끌고 버둥거릴수록 물결 따라 둥둥 떠내려만 갔다.

9살쯤 된 소녀는 어머니가 흙탕물에 떠밀려 바다로 빠져나가 죽을까 봐서 엉엉 울었다. 얼마나 울었던지 눈덩이가 퉁퉁 부어올라 뻣뻣해지도록 울었다. 가까스로 논에서 나온 어머니의 몰골은 어린아이에게는 두려움이었다. 볏단 하나 건지지 못한 채 걸어 나오시는 어머니를 보고 놀라서 더욱 소리쳐 울어댔다. 바지를 걷어 올린 두 다리에 시커먼 거머리 수십 마리가 물어서 피를 빨아 살에 구멍이 뚫린 것인지 피가 줄줄 흐르고 있었다. 그런 어머니가 공쪼스럽고 불쌍해서 더 크게 울었다. 빗소리가 너무 커서 빗소리가 울음소리처럼 울음소리가 빗소리처럼 들리는 기막힌 상황이 되었다. 눈물이 빗물과 함께 흘러서 온몸을 적시는 형국이 빗물이 눈물처럼 느껴졌다. 소름이 돋고 끔찍스러운 고통은 죽음의 사자를 만난 듯 꼼짝할 수 없었다.

한해 농사 허탕치고 흙탕물 속에서 걸어 나오시는 어

머니에게 비친 딸을 보는 순간 얼마나 애처롭고 당황했을까? 놀랬을 딸을 보고 함께 엉엉 우시며 안아주실 것이라 생각했다. 그건 아이의 착각이었다. 현실을 직시하면서 어떤 삶이든 비껴가지 않고 고스란히 고난의 삶속으로 걸어가시는 소녀의 어머니셨다. "듣기 싫어 누가 죽었냐? 울지 마!" 소녀는 이 어머니의 한 마디가 더 놀랍고 아팠다. 눈에서 눈물을 그치고 어머니를 향한 동정도 거둬들였지만 속으로 속으로 울고 계시는 어머니의 두려움이 더욱 커 보여서 소녀도 흐르는 눈물을 빗속으로 감추었다.

다음 날 바닷가로 떠내려간 볏단을 주워 맘 좋은 이웃집 아저씨랑 나눠서 가져오셨다. 그해 겨울 어머니는 어떻게 우릴 먹이셨는지 배고픈 기억이 없다. 고난과 두려움을 밥으로 여긴 어느 선지자들처럼 역경을 사랑하는 법을 알게 한 분이 바로 나의 어머니시다.

흉터는 남아도 울지 마라

어릴 적 바다에 굴을 따러 간 어머니가 그리워서 친구랑 찾아나섰다. 그 날은 비가 촉촉이 내려서 바위가 매우 미끄러운 날씨였다. 친구들이랑 신나게 바위를 사뿐 사뿐 걸으며 다가서려는데 친구들과 뛰어다니지 말고 집으로 가라고 호통을 치신다. 어머니가 그립던 마음에 찬물을 끼얹듯 서운했고 친구들이 달려가는 길로 쫓아가다가 그만 미끄러져서 엎어지고 말았다.

굴뻑에 찔려서 손바닥과 허벅지에선 피가 무섭게 흘렀다. 오른손 바닥은 10센치 이상이나 찢어졌고 허벅지에선 세 줄 길이의 깊은 상처로 멈추지 않고 피가 흘렀다. 21세기인 지금이라면 분명 119에 실려 병원에서 손바닥 30바늘 허벅지 60바늘 이상 꿰매야 할 조치였다. 병원도 보건소도 없었다. 의례 있을 법한 한약방도 없었다. 비상약은 간장 된장이 전부였다. 상처 나면 된장, 배 아프면 간장을 먹었던 시절이다. 당황하는 기색 없이 어머니는 굴 바구니 내팽개치시고 나를 곧장 부슬부슬 비가 내리는 바다 속으로 끌고 가셨다.

때는 어두워지고 하늘은 회색빛 비구름이 짓누르고 바다는 회색빛 거품의 물결이 사정없이 들이닥치고 그 음산한 입을 벌려 집어 삼킬 것만 같은데 사정없이 바닷물로 흐르는 피를 닦아내고 또 닦아내셨다. 음산한 분위기에 짓눌리고 상처는 쓰리고 아파서 울었다. 어머니는 그런 딸을 보면서 달래거나 함께 울지도 않고 당황한 내

색도 없이 엄하게 호통만 치셨다.

"입 닥쳐! 울지 마!" 그 소리는 천둥소리보다 더 무서워서 찢어져 피가 흐르는 아픔을 삼켜버렸다. 그리고 순간 거짓말처럼 상처의 고통은 사라지고 눈에서 흐르는 눈물도 멈췄다. 딸을 어루만지고 하염없이 울면서 안타까운 마음으로 고통을 달래주는 어머니의 사랑은 맛볼 수 없었다. 단지 엄중한 호통소리에 슬픔과 고통과 두려움은 빗물을 타고 저만치 바다 위로 힘없는 거품처럼 둥둥 떠내려갔다. 내리는 빗속에서 바다에 던져진 채 피를 흘리며 전혀 고통 없이 그 고통을 눈물 없이 이기는 법을 그때 알게 되었다.

성인이 된 후에도 흉터를 볼 때면 울지 않고 바다에 서서 피를 닦아내는 어린아이가 영화장면처럼 어젯밤의 꿈처럼 항상 선명하게 보일 때가 있다. 그 후에도 회색빛 우울한 잘못된 길을 수없이 만나서 방황할 때면 어김없이 어머니의 호통이 들려서 정신이 들곤 했다. 흉터는 남아도 처량하게 울어대는 못난 사람의 모습으로 살 필요는 없다는 것을 점점 알게 된 후 회색빛 구름 뒤에 감추어져 있는 태양의 손길을 기다릴 수 있었다.

– 「창조문예」·2020년 11월호

추운 겨울이면 더 뜨거워지는 어머니의 사랑

어머니의 산과 들과 바다

대자연의 품속 같은 나의 어머니는 겨울이 돌아오면 끊임없이 겨울의 주인이 되어 또 다른 삶에 변신을 하셨다. 농번기기 지니 이비니와 한마땅 새비있는 놀이라도 할 수 있을까 해 보지만 어머니와 놀았던 기억은 희미하다. 추운 겨울 화로불 앞에서 고구마를 구워 먹으며 도란도란 어머니와 나누던 대화도 기억이 없다. 긴 긴 겨울밤이면 식구들이 고구마 가마 옆에서 날 고구마를 깍아 먹으며 달콤하게 지내는 그 흔한 정겨운 가정의 분위기를 누리지 못했다. 내 어릴 적 어머니는 어디에 계셨을까?

논으로 밭으로 산으로 바다로 들로 돌아다니시며 집안을 일구시느라 어린아이에게 젖 한 번 물려 볼 시간이 없었다고 하셨다. 늦은 밤 아이는 낮에 먹지 못한 젖을

밤새 주무시는 어머니의 품에서 젖을 먹다 잠들곤 하여 뾰족한 콧날이 그만 주저앉아 버렸다고 하셨다. 제 때에 젖을 먹지 못한 탓인지 초등학교에 들어가서도 하교 후 어머니의 젖을 먹곤 하였다고 한다. 여인이 걸어가야 하는 지독한 삶의 무게는 어머니 스스로 선택하신 버겁고 지치고 힘겨운 길이셨다. 이런 강한 어머니에게서 거룩한 기운이 느껴지기도 했다.

겨울이 되면 다행히 어머니는 초저녁부터 집안일을 하셨다. 호롱불 밑에서 바느질이며 뜨개질이며 삼을 삼으셨다. 부지런한 어머니는 잠시도 쉬지 않으셨다. 추운 겨울에도 가마솥에 뜨거운 물을 끓여 오빠랑 나를 하나씩 큰 통에 목욕을 시키고 청결에 힘써 주셨다. 명절이 다가오면 505호라는 뜨개실로 고운 옷을 떠 입히셨다. 그런 옷을 입고 명절을 맞이하는 아이는 동네에서 보기 드문 일이었다. 일손이 딸리는 농번기에도 자식들에게 작은 심부름도 시키지 않으셨다.

추운 겨울이면 신발을 구워 주신 어머니
추운 겨울 불씨가 꺼지기 전에 일찍 일어나 가마솥에

뜨거운 물을 끓이고 장작더미 위에 뚝배기를 올려놓고 된장을 끓여 주시던 맛은 추억 속에서나 맛볼 수 있다. 아침밥을 먹고 학교에 가려고 나서면 매서운 추위에 발을 내놓기 싫어서 움츠러들었다. 댓돌 위에 신발을 신고 등교하려던 순간 신은 신발이 따뜻했다. 추위에 웅크린 어설픈 몸이 풀리면서 뛸 듯이 기쁘게 학교로 달려갈 수 있었다.

이른 아침 어머니는 밥을 지으면서 부뚜막에 신발을 가지런히 올려 찬기를 없애주거나 장작불 앞에 신발을 구우시듯 얼은 신발들을 녹여 주셨다. 아! 그런 신발을 신고 학교를 가는 기분은 표현할 수 없을 만큼 무한한 평안이 솟구치게 했다. 그 따뜻함의 배려 때문에 매서운 모래바람과 눈발을 헤치고 학교에 갈 수 있었다.

1만 5천 년 전에 형성되었다는 세계적인 사구인 해안마을에 살았던 덕에 모래 바람을 맞으며 등하교를 했다. 겨울이면 눈이 허리까지 차올라 아무도 걷지 않은 길에 발자국을 남기며 걸어가는 기분은 참으로 신선했다. 내가 뚫어 놓은 발자국을 따라 친구며 마을 선배들이 뒤따라오는 길은 흥미롭고 모험심으로 벅찼다. 그러나 6학년이었던 오빠가 1학년 동생이 하는 행동이 안쓰러웠는지 앞장서서 길을 가지 말고 조용히 뚫어 놓은 길을 따라오라 했다. 아! 그렇게 꺼리고 위험스러운 하얀 눈길을 난 어머니의 사랑을 신고 앞장서서 달려갈 수 있었다.

사랑의 신발은 나로 그 어떤 두려움도 두려움으로 여기지 않고 즐기게 해주었다. 아 따뜻한 벙어리장갑, 따뜻한 털목도리, 털신으로 온 몸을 감싸도 매서운 해안의 겨울바람은 살갗을 뚫고 들어왔다. 그런 추위도 아랑곳하지 않고 겨울을 벗 삼아 놀며 한파 속에서도 우정은 깊어가고 시름은 고드름처럼 주렁주렁 달리는 환경 속에서도 고드름 꺾어 아이스 바처럼 씹어 먹던 겨울의 아이들로 지내던 시절의 친구들이 이 시대를 버티며 여기까지 올 수 있었던 것이다.

나이론 점퍼가 유행하던 시대 추위를 이기려 나뭇가지 모아 피운 모닥불 불똥에 모처럼 사주신 나이론에 구멍이 숭숭 뚫렸다. 온 동네 뛰놀며 꽁꽁 얼어붙은 논두렁이 썰매장으로 변하면 모두 모여 씽씽 달리던 옛날의 추억 속에서 내가 서 있다. 날이 저무는 줄도 모르고 놀다 보면 하나씩 어머니가 부르는 소리에 동생을 데리고 형제, 자매들은 각각 집으로 돌아간 들판에 나 홀로 지금도 서 있는 것만 같다.

어머니는 아마도 아버지 생각 시어머니의 시집살이 고달파 바닷가에서 시름을 달래거나 돈을 벌기 위해 일하러 가셔서 늦은 저녁에나 돌아오신 것 같다. 따뜻한 밥을 해놓고 한가한 겨울 가정의 굴뚝에서 밥 짓는 연기와 함께 어머니가 나를 찾는 목소리는 실종되기 일쑤였다.

어머니는 흐르는 강물 같아라

할머니는 우리들을 어여삐 여기셨지만, 어머니에게는 인정이 없으셨다. 일하고 오는 어머니를 위해 따뜻한 밥 한 끼 해놓으시지 않으셨다. 아니면 어머니 밥은 남겨놓지 않기 일쑤였다고 하셨다.

긴 밤 어머니는 배가 고프고 사랑이 고파 어떻게 지내셨을까? 어머니의 인고의 강이 너무 깊어 그 한숨을 들으며 불안한 잠을 청하곤 했다. 그 고달픈 삶의 강을 홀로 건너며 버틸 수 있던 힘은 여성이 짊어져야할 작은 의무감들이셨다. 며느리의 책무, 아내의 내조, 어머니의 길은 사막이라도 걷게 하는 사랑이라는 힘이었다. 이런 어머니의 길은 지혜의 강이 되어 주었고, 인내의 밭을 넓혀 나로 뛰놀게 하셨다. 어머니가 만든 인고의 강에서 난 하염없이 철모르는 고기 한 마리처럼 뛰놀고 숨 쉬고 먹고 마시며 지금껏 지낸다.

  어머니는 나의 영원한 자연의 품안이다. 나에게 어머니는 강이 되어 주고 바다가 되어 주셨다. 눈물로 만들어진 어머니의 바다가 없었다면 나는 이 세상의 물결 속에서 맘껏 헤엄쳐 나갈 수 없었을 것이다. 내 앞에 이렇게도 무한한 사랑의 강물은 지금도 흘러가고 있다.

-『창조문예』· 2020년 12월호

하늘과 산과 바다가 맞닿은 고향

 고향이 마음 아프도록 보고 싶고, 달려가고 싶은 건 어릴 적 나를 안아 키워 낸 어머니 젖 냄새 같은 이유일까! 아! 아! 못내 그리워라! 가고 싶어도 갈 수 없었던 한때의 아픔은 더 향수병을 들게 한다. 옛 모습이 사라져 고향이 늙어가고 있기 때문이다. 고향도 늙어가는 것이구나! 내 고향은 신선이 만들어 놓은 것처럼 이무기도 도를 닦고 용이 되어 하늘로 승천하는 「전설 따라 삼천리」라는 1970년대의 라디오 방송의 소재가 되기도 한 곳이다. 이곳은 누구든지 하늘을 올려다보고 바다 물결따라 미래의 닻을 올리는 곳이다. 태양 빛에 빛나는 희디흰 속 살갗 같은 은모래 백사장에선 지구의 순환이 이루어지는 곳이다. 원시의 숨결로 숨 쉬는 바위에게 고요한 침묵과 풍부한 해산물로 살찌워진 바다에 발 담그고 노닐 땐 그 반기는 기척을 들었다. 지구 한쪽 편에 가장 순수한 속살을 드러내 놓은 곳이다. 지구가 몸이라면 가장 아름답고 순수한 소녀의 속살처럼 나체의 아름다움으로 수줍은 채 눈이 부시도록 노래하고, 또 노래하는 순백의 학으로 물결치는 곳이다. 어릴 적 여름날에 벌거벗고 그 품에 안기던 자연과의 행복을 잊을 수 없는 건 자연에서 얻은 첫사랑이기 때문이다.

내 어린 시절은 사람들에게서 말을 배우고 의미를 찾은 것보다 자연이 전해 준 침묵 속에서의 의미와 형상을 통해 마음의 언어를 배운 셈이다. 누군가 나에게 꽃의 말을 가르쳐주지 않았다. 어느 겨울 섬에서 꺾어온 동백꽃을 처음 보는 순간 섬짓 하도록 붉은 핏방울의 외침을 읽게 되었다. 그때의 모습은 식물이 아닌 인간의 심성을 가진 물체로서의 만남이었다. 추운 겨울 섬에서 홀로 핀 붉디붉은 동백은 사람 손에 꺾이어 내 어린 가슴에 안기워 심어진 것 같다. 그 이후에 난 어떤 꽃 앞에서도 아름답다는 감탄사 외에는 어느 특별한 절규와 같은 생명의 호소력을 발견하지 못했다. 나라의 꽃 무궁화 앞에선 영원한 사랑의 아름다운 최후의 단결을 깨우친다. 아무 곳에서나, 뜻도 없이 피고 지는 꽃이 되지 말고 동풍과

맞서 싸우되 생명과 사랑의 피로써 홀로이 피어나라는 의미였을까! 그 언어와 형상에 이른다는 것은 아직 내겐 너무 멀지만 동백꽃이 전해 준 언어는 나에게 어느 길을 가고 있느냐고 묻고 있는 것이다. 내 갈 길을 달려가려 함에 고향의 상징 언어들이 끊임없이 내 속에서 자아를 형성해 가는 것이다. 사람과 세상 가까이 온화한 땅에서 피어난 동백을 볼 때마다 슬퍼졌다. 생명도 색깔도, 기상도 다 죽어간 모습일 뿐이다. 섬에서 홀로이 자연이 키워 낸 동백꽃 기상만이 생명의 의미를 깨우치기 때문이다.

마음 절절한 그리운 고향에 가보니 병이 들어 늙어 가고 있있다. 사계절마다 아름다움을 입고 섦어시는 고향이 아니었다. 내가 본 그리던 고향은 꿈 속에나 만날 수 있는 듯 옛 고향의 모습은 잃어버린 것만 같았다. 자신의 삶에 책임을 다하지 못했을 때는 고향을 마음에 그리워하는 것조차 죄책감에 시달렸다. 고향을 떠올리기만 해도 한없이 부끄러웠던 기억이 난다. 고향의 위로가 필요할 때 그 앞에 설 자신이 없었지만, 못내 그리워 캄캄한 밤중에 몰래 훔쳐보고 싶도록 거룩한 아쉬움으로 남겨진 천국이었다. 그 후, 마음에 평정을 얻어 그립던 고향엘 가보니 심하게 늙고 병든 모습이었다.

바다는 외로움과 초라한 얼굴로 마중 나와 슬픔에 쌓인 파도의 소리만이 가슴에 부딪쳐 왔다. 그 순간 난 내가 설 자리, 돌아갈 자리조차 사라진 공허함을 맛보게 되었다. 산속 나무에서 들리는 사르륵사르륵 윙윙대는 소리는 그렁그렁하는 노인네 기침 소리처럼 들리는 게 아닌가! 철썩! 철썩! 내게 무엇인가 미지의 소식을 전해 주던 파도는 시름시름 앓는 모습으로 해변가에 허연 가래침만 뱉어놓은 게 아닌가! 바다의 목소리, 저 우주의 기운이 바다에 실려 오는 기상소리, 하늘의 빛이 고요히 깃들었다가 새벽을 따라 깨어나는 소리가 들리지 않았다.

늙어가는 고향 앞에서 처량한 모습이 되어 눈을 어느 곳에 두어야 할지 민망할 뿐이었다. 젊고 씩씩한 모습, 우주의 신비한 기운이 어디 있는가! 얼마나 고향이 서먹서먹하던지 한 참 후에 옛 기억을 떠 올려 바닷가 모래 위에 서 보니 그들의 사연이 들려왔다. 그래! 내가 이곳을 그리워한 것이 아니요, 바로 고향의 하늘과 산과 바다가 나를 그리워했구나! 비로소 동백도 내가 반길 때 의미가 되어 내 안에 있고, 파도 소리도 내가 귀 기울여 들을 때 의미가 되어 내 지식이 되는 것이다. 내가 사랑으로 보지 않으면 병들어 의미 없이 시들어진다. 사랑받지 못하는 모든 것은 병들어 늙어가는 사실을 얼마나 호소하고 싶었는가!

초등학교 4학년 1학기를 마치고 서울로 전학오던 때 내 자신 살림살이를 꾸리려고 생각하니, 동백꽃과 앵두나무만큼은 가져가야 될 것 같았다. 어린 가슴에 도저히 그들과의 작별이 허락되지 않아 친척 오빠에게 부탁해서 오늘 밤, 섬에 가면 날 위해 동백꽃을 가져다주면 좋겠다고 했다. 다음엔 어머니에게 앵두나무를 파서 서울로 가지고 가는 것이 내 소원이라 말씀드렸더니 가져갈 수 있는 것이 아니란다. 앵두나무는 그냥 그곳에 있으면서 많은 사람의 사랑을 받고 오며 가며 그 열매를 다른 사람들이 먹도록 해야된다고 하셨다.

난 어린 마음에 어머니의 말로 더 상처를 받고 "앵두나무는 내 거야!" "다른 사람이 손댈 것 같으면, 톱으로 잘라버려" "잘라버리고 가야 돼!" 앵두나무는 내 거니까! 다른 사람이 손대는 것이 도저히 용납되지 않아 얼마나 서럽게 작별을 했는지 모른다. 동백꽃 역시 얼굴 한 번 못 보고 고향을 떠나오는 날의 침통함이 기념사진에 남아있다. 들판에 간식으로 먹던 삐비풀이며, 모래 산속에서 올라오는 희고 흰 칡뿌리며, 산딸기며, 땅꼴 같은 열매들이며, 싱싱한 여름날의 오이와 가지며, 목화꽃의 달콤한 맛! 바다에서 꿈틀대는 전어들의 은비늘과 저녁녘 장작불에 타는 냄새며, 굴뚝에서 솟아나는 연기를 따라 집으로 돌아가는 포근한 마음, 밀밭에서 즉석 껌을 씹어 먹는 재미며, 바위틈에 낳은 고기들의 붉은 알을 씹어먹는 오독오독 소리와 함께 퍼지는 입안 가득 고소함, 해삼을 잡아 내장을 빼고 와드득 와드득 씹어 먹는 상쾌함! 조개를 잡아먹다가 나온 진주알을 재산으로 모아두는 어머니의 기대가 있던 곳, 굴을 따러 간 어머니 등 뒤에서 돌로 쳐서 깨 먹던 달콤한 냄새, 이루 말할 수 없는 고동들의 이름……

  하늘도 산도 바다도 대지도 함께 어우러져 우주의 기운으로 살찌우던 곳의 냄새를 어떻게 잊을 수 있겠는가? 고향을 떠나온 촌뜨기가 아니었다. 대자연은 나를 결코 촐싹거리고, 빈정대고, 아부하고, 조롱하는 자리에 서지 않도록 침묵과 향기로 세월을 이기는 힘을 주었다. 어머니의 말처럼 앵두나무는 많은 사람의 사랑 속에 넘겨주고 잘 있으리라고 생각한 채 아픈 마음을 감추고 체념했다. 그런데 그 말은 거짓말이었다. 몇 년을 두고 오간 고향집의 앵두나무는 온데간데없이 사라지고 점점 키가 줄어

드나 했더니 뿌리째 사라져 다시는 그 모습을 볼 수 없게 되었다. 모든 사람의 것이라는 말을 난 믿지 않게 되었다. 모든 것은 그 모든 것을 사랑하고 아끼고 돌보는 자들의 것이며, 비로소 사랑하는 자로 인해 그들에게도 의미가 부여된다는 사실을 알게 되었다. 그 어느 누구의 소유도 아닌 모든 사람이 함께 누려야 될 것이라는 말을 믿지 않게 되었다. 가정은 가족 모두가 누리는 안식처요, 국가도 국민이 누릴 안식처요, 세계도 인류가 누릴 안식처 임에는 틀림없다.

누구든지 사랑으로 건설할 때 가정, 국가, 세계는 모든 사람이 누릴 수 있는 신성이 깃든 집으로 거듭 태어날 것이다. 모든 것은 있는 그대로가 아니다. 사랑을 주고받아서 사랑 안에서 의미를 발견하고, 우주적인 기운을 얻어내어 만물과 만민이 함께 살아 숨 쉬는 것이다. 이 지구상의 문제는 진정한 사랑의 눈으로 만물을 소유하지 못한 데서 악이 잉태한다. 책임 맡아 사랑할 자들이 사명 없이 방치하는 데서 오는 것이다. 나는 앵두나무 한 그루에서 이런 사랑의 방정식을 풀어내었다.

-『믿음의 문학』· 2004년 봄호

천국의 맛과 향기

할머니와 할미꽃

4월이 되면 많은 꽃 중에 할미꽃이 그립다. 할미꽃에서 할머니를 연상하지 않을 수 없으니 할머니를 추억하게 된다. 할미꽃이 꼬부라지듯 외할머니의 허리는 아예 90도로 접혀 있었다. 할머니의 어릴 적 얼굴은 사진에서도 본 적이 없으니 늙으신 얼굴만이 기억이 난다. 너무 많은 자녀를 두셔서 허리가 꼬부라지셨는지 꼬부랑 할머니셨다. 할머니의 시대는 가난 속에서 그냥 가난을 벗 삼아 사신 것 같다. 가끔씩 시집살이 하며 남편 유학 보내고 혼자 고생하는 둘째 딸인 엄마를 보러 오셨다. 친할머니는 그런 사돈을 달갑게 여기지 않는 눈치였다. 대접다운 대접을 하지 않으셨다. 가끔씩 보는 외할머니였지만 마음에 쓰였다. 어머니는 외할머니가 오시면 내 주신 선물이 사람들이 피우다 버린 담배꽁초 주워 모은 것을 서랍에서 꺼내 주셨다. 외할머니는 그것을 참으로 이 세상에서 가장 귀한 선물처럼 받아 가셨다. 어머니는 따뜻한 밥 한 그릇도 대접하지 못하고 눈치를 주시며 왜 오셨냐고 서둘러 보내셨다. 외할머니는 마음이 너무 착하셨다. 천사처럼 화낼 줄도 욕할 줄도 모르셨다. 무명 저고리 치마를 휘어진 허리에 감고 큰 지팡이를 짚고 돌아가시는 모습은 지금도 서글프다. 그냥 인생이 모두가 다 너무 서글펐다.

어머니랑 50리 거리 원북장을 다녀오던 날 맛있는 것을 먹지도 못했는지 알사탕 하나 사먹은 기억이 나질 않는다. 그런데 놀아오던 길에 외할머니 댁에 들리게 되어서 먹었던 보리밥과 망둥이의 맛은 잊혀지지 않는다. 이런 것도 먹을 것인가 싶었으나 그렇게 맛있는 음식은 그 후로 먹어 본 기억이 없다. 일본에서 방학 때 오셔서 아버지가 사 주신 유명한 레스토랑의 양식도 그 맛은 따라갈 수가 없었으니 참 묘한 맛이었다. 그때도 서글펐다. 외할머니 집에는 왜 먹을 것이 이것밖엔 없을까? 그런데 배고파서 먹었던 그 보리밥은 꿀맛 같아서 또 서글펐다.

이 하찮은 음식이 왜 이렇게 맛있을까? 천국에서나 맛볼 것 같은 그 보리밥은 지금 그 어디에도 없다.

얼마 후 서울로 이사를 가게 되어서 외할머니는 엄마를 보러 오셨다. 지금 우리가 미국이나 다른 외국에 가는 것만큼 좋거나 힘든 일이었을 것이다. 음식을 잘못 드셨는지 몇 날 설사를 하시며 괴로워하시던 할머니는 어머니가 한참 만에 사다 주신 약을 드시고 그치시자 어머니는 늦게 사 오신 것을 마음 아파하셨다. 밤이 되어 외할머니를 모시고 서울 야경을 구경하려고 달동네 꼭대기에 올라가게 되었다. 할머니는 어느 콘크리트 벽돌 난간을 붙잡고 불구경이 뭐가 좋다고 세상에! 세상에! 연신 탄성을 지르셨다. 난 그 모습이 좋아서 덩달아 기뻐했다. 그런데 지금도 빛바랜 옛날의 정체모를 책 모서리가 찢어져 나뒹굴 듯, 위험하고도 우울한 콘크리트 난간이 우뚝 기억 한 켠에 서 있다.

라일락 향기가 되어서

얼마 후 외할머니는 막내 외삼촌 집에서 사시다가 돌아가셨다. 그날도 어린 손녀를 무릎에 앉히고 식사하시다가 착하디착한 할머니는 아무 말 없이 그냥 고개를 떨구시고 돌아가셨다. 그날 밥에도 설탕이 뿌려져 있었을까? 가장 좋아하던 음식이 밥에 물을 말아 설탕을 뿌려 드셨다는 말이 지금도 마음이 서글프다. 지금 세상은 얼마나 맛있는 온갖 사탕과 꿀이 넘쳐나는가! 그런 맛을 나 혼자만 맛보는 것이 그냥 우울하다. 따뜻하고 양지바른 날이었다. 외할머니가 돌아가셔서 너무 가슴이 조여 오는데 어른이 돌아가신 날 울면 예의가 아닌 줄 알고 울지도 못한 채 옆집에 마냥 서 있었다. 오빠가 다행히 곁에 있어서 서러움을 꾹꾹 눌러대며 우두커니 서 있었다. 어머니는 그런 우리를 보고 야단치셨다. 울지도 않는다고, 우는 걸 알았더라면 서글프게 울었을 텐데…… 그 때 난 울시를 못해서 가슴에 지금도 그 서러움이 고여 있는 것만 같다.

외할머니의 정 때문이었을까? 나이 드신 할머니들이 주름 가득한 모습을 보기만 하면 가슴이 미어지고 인생이 왜 저런 모습이 되어야 하는지 어린 내내 고민을 하고 살았다. 늙어가는 모습을 보면서 마음이 번민이 되었었다. 그런 연민으로 번민했던 난 지금 목사가 되어 목회를 하고 있지만 인생의 안타까움들을 해결해 주지 못할 때가 고통스럽다. 너무 많은 고통의 현장들이 가슴이 아프다. 그들을 다 구원할 수 있는 길을 찾고 싶다. 상상이라도 얼마나 좋은가! 사랑하는 가족을 구하러 지옥에 간 어느 영화의 주인공이 나도 되고 싶은 건 어쩔 수 없는 마음이다. 다만 그분 한 분만이 정답을 알고 계시기에 그분을 기다린다. 할미꽃은 하얀 가루분을 꼬부라진 몸에 바르고 무덤가에, 산기슭에 홀로 피어 내게 말하고 있는 것 같다. 고개를 들고 저 파란 하늘을 우러러 하늘 길에 올라 우주에서 영원한 꽃으로 피겠노라고……

난 지구에서 가장 향기로운 4월의 라일락이 되어 외할머니 계신 곳에 나의 마음을 전한다. 이것이 나의 사무치도록 지워지지 않는 사랑으로 천국의 향기가 되어 할머니 계신 곳으로 보내드리노라고 ―.

― 『창조문예』 · 2021년 4월호

아버지, 어머니 그리고 선생님

백향목 같은 아버지들

아버지를 보지 못한 한 소년은 어머니에 대한 사랑을 의지하며 성장한다. 그 과정 속에서도 어머니가 자신을 버리고 도망갈까 봐 밤에 잠을 잘 때도 옷고름을 붙잡고 잤다고 했다. 이 대목을 읽어가노라면 이 소년의 마음이 선해져서 숨이 막히고 가슴이 조여 왔다. 그의 지독한 외로움과 사랑에 목마름이 사막 한가운데 오아시스가 사라질까 봐 염려하는 감당키 어려운 무게가 내 심장에까지 전달되었다. 견딜 수 없는 불안에 떨고 있는 작은 소년의 성장과정이 늘 마음에 남아 있다. 어머니를 지독히 사랑한 소년은 어머니의 정서가 아름답게 마음 가득 묻어 있다. 남자이면서도 한없이 부드럽고 고결하기까지 한 수필가 피천득 선생님이 그리워지는 달이다. 그는 훗

날 아버지가 되어서 딸을 키워낸 손길을 그의 글에서 엿볼 수 있다. 어머니의 감정보다 더 애틋한 사랑이 뚝뚝 흐르고 있다.

출가한 후 딸이 외국에서 사는 동안 그녀의 방안에 남겨진 인형을 딸처럼 보살피는 사연이 방송에까지 아주 자연스럽게 공개된 적이 있었다. 딸과의 아름다운 교감을 나누신 기가 막힌 아버지의 사랑으로 인형을 침대에 매일 재우고 아침엔 깨우는 일을 반복하셨다. 어떻게 이렇게 한 사람을 사랑할 수 있을까? 그의 글에서도 이런 부드럽고 고결하고 깨끗한 정서가 흐른다. 처음 이런 따뜻한 수필을 읽어 내려가면서 나도 이런 수필가가 되었으면 하는 꿈을 꾸게 되었다. 딸을 사랑한 피 선생님을 생각할 때면 피 선생님보다 더 딸을 사랑한 또 한 사람이 떠오른다. 바로 나의 아버지이시다. 이젠 작고하셔서 아버지의 마음을 위로할 수 없음이 씁쓸한 후회와 반성을 불러올 뿐이다. 살갑게 아버지를 대하지 못한 못나고 무뚝뚝한 딸이 되어서 가슴이 저려온다.

내게 아버지는 백향목 같은 그늘이 되어 주셨고 큰 꿈을 꾸게 해주셨다. 가난한 시절의 아버지의 살아온 길을 돌아볼 때 그 시대를 사셨던 분들을 향한 동정심을 가지게 된다. 외국에서 공부하시며 교육자의 길을 가시는 동안에 가져다주신 문명 가득한 물건들을 보면서 새로운 세계를 동경하게 해 주셨다. 무엇보다 딸을 향한 사랑은 귀한 물건을 다루듯 사랑스럽게 대해 주셨다. 먹는 것도 곱게 걷는 것도 곱게 말하는 것도 곱게 공주처럼 살아가길 바라셨다. 여성이 결혼하면 삶이 고달프니 결혼도 하지 말고 독신으로 곱게 곱게 살기를 원하셨다. 방학 때가 되면 오신 아버지는 어디를 가든지 손을 놓지 않으시고 무릎에 앉혀 주시고 까칠한 수염을 얼굴에 비벼대며 장난감 다루듯 하셨다. 밥을 먹을 때도 반찬을 밥에 올려 주시고 심지어 자신이 드시는 정로환이라는 냄새가 심한 약도 좋은 거라면서 사탕 나눠 먹듯이 먹으라고 하셨다. 그 냄새가 고약했시만 아버지의 사랑을 읽게 되어 뿌리칠 수가 없어서 받아먹곤 했다. 학교 선생님들께 일일이 편지를 주시면서 나의 학교생활을 주시하고 계셨다. 공부만큼은 아버지의 기대를 채울 수가 없어서 서로가 조금씩 마음의 골이 깊어만 갔다. 무엇보다 그런 아버지의 기대를 채워 드리지 못한 것이 괴롭다. 너무 큰 백향목 그늘 아래 서 있던 나는 그냥 작고 왜소한 나무로 있을 수밖에 없었다.

향기로운 꽃 어머니

최근에 어머니가 유언 같은 말씀을 하셨다. "내가 죽으면 화장해서 안흥 바닷가에 훨훨 뿌려다오." 그날 아침 우연히 어머니의 마음이 온통 바다로 향해 있음을 늦게 알아차리고 바닷가에 집 한 채를 얻어드려야겠다고 마음먹었던 날이다. 얼마나 더 사실까 싶어 어머니가 제일 좋아하는 일이 무엇일까 생각했던 날이라서 당황치 않고 곧 바로 대답할 수 있었다. "아니 어머니 왜 바다에 뿌려요 바닷가에 집을 사서 지금부터 사시다가 마당 한 켠에 어머니를 묻어 드리고 나도 종종 내려가서 어머니를 볼 건데요."란 이 말에 어머니는 반갑게 돌아가실 일도 뒤로 미루고 싶을 만큼 생기가 돌면서 좋아라 하셨다.

왜 진작 어머니의 마음을 읽어 주지 못했을까? 언제나 부지런한 어머니에게서 난 신의 마음을 배우고 살았다. 학교장 사모님의 자리에 있으면서도 주변에 막노동하시는 분들과 함께 들로 산으로 품앗이를 하시면서 사셨다. 남편 뒷바라지 자식 뒷바라지하면서 살던 생활인데 이제 자리가 잡혔다고 그만두면 교만해진다고 살던 대로 사셔야 된다고 하셨다. 어머니의 인생철학이시니 그만두게 할 재정적 힘도 설득력도 없어서 그냥 눈물만 흘리며 볼 수밖에 없었다. 지금도 산에나 들에서나 바다에서도 온 갖 먹거리를 가져다 교회식당에 공급해 주신다. 이제야 그런 부지런한 어머니에게서 거룩한 숨결을 느낄 수가 있다. 사람들을 사랑하시되 곤경에 처하고 불쌍한 사람들을 동정하시는 마음을 보면서 자비한 신의 사랑을 느끼고 살았다. 그러다가도 경우에 맞지 않는 일에는 불호령하셨다.

겸손과 섬김의 길을 걸어오신 어머니 곁에 서면 바다 냄새 같은 향기가 난다. 깊은 산골짜기에서 불어오는 시원한 위로의 말씀을 들을 수가 있다. 이제야 어머니가 걸어있던 길이 거룩한 신의 길이었음을 보게 된다. 수많은 인간의 번뇌와 고달픔을 인내와 성실로 걷어 내시고 살아오신 어머니에게선 따뜻한 향내가 난다. 이런 어머니의 삶을 존경하며 배우고 싶은 마음이 든다. 남은 삶을 더 풍성히 내 속에서 어머니의 정원으로 가꾸어 드리고 싶다.

선생님의 꿀 같은 사랑

선생님들의 보살핌이 없었다면 더 넓은 세계로 나아가지 못했을 것이다. 무작정 믿어주시고 아껴주시던 선생님들의 칭찬과 격려가 금메달이 되어 주어 용기를 가지고 살게 해 주셨다. 선생님들의 칭찬과 사랑은 우리들에게 얼마나 필요한 성분인지 상상할 수가 없다. 일생동안 선생님들의 사랑을 받아온 내게는 더욱 특별한 마음으로 다른 사람들을 대하는 자산이 되어 주었다.

시골에서 3학년까지 다니고 서울로 4학년 2학기에 전학을 가게 되었다. 참고서도 없이 배우던 그 시절에 난 국어시간에 졸았는지 반대말의 의미를 알지 못해서 숙제를 하지 못했다. 갑자기 숙제검사를 하시는 선생님 앞에 숙제 안해 온 사람 앞으로 나오라는데 다리가 저리고 굳어서 나가지를 못했다. 그 순간 앉아 있는 한 사람 한 사람을 검사하기 시작했고, 난 너무 떨린 나머지 아무 공책이나 펼치고 버티고 있었다. 나는 용기가 없었다. 부끄러움에 대처하는 법, 잘못을 뉘우치는 법을 알지 못했다. 그런데 선생님이 내 옆을 스치고 지나면서 아무 말 없이 눈감아 주셨다. 난 두고 두고 평생을 배울 수 있었다. 다른 사람의 잘못을 지적하고 그에 상당한 벌을 내리는 것도 좋은 교육이지만, 용서를 통해 눈감아 준다는 것이 얼마나 더 큰 매가 되고 반성의 기회를 주는가를! 그때 배운 감회는 두고 두고 나의 인격이 되어 주었다.

서울로 전학을 와서도 선생님들의 사랑과 배려는 용기 없고 수줍은 나를 이끄는 햇살 같았다. 대학을 가서도 대학원을 가서도 그 특별한 선생님들의 배려는 한결같았다. 그리고 내 목회의 길에 그 빛나는 순간들이 내가 걸어갈 길이 되어 주었다. 사랑을 받은 나는 그 사랑의 길을 열어야 되는 사명 같은 짐을 지고 있다. 모든 이들이 간직한 5월의 사랑 이야기들이 있어 온 우주를 향기롭고 아름답게 만드는 꽃이 된다.

- 『창조문예』・2022년 5월호

바다에서 건진 천년의 보물

태풍이 몰고 온 유물

2019년 한 차례의 여름 장마가 지나고 태풍이 바다를 휩쓸고 지나간 것 같다. 태풍이 지나간 자리는 험한 파괴력이 남긴 흔적들로 괴로움과 재건의 짐들로 한숨이 오갈 뿐이다. 해마다 태풍의 반격을 알면서도 여전히 피해 갈 대책은 속수무책인 일이 많다. 누군들 태풍을 반기겠는가! 태풍은 쓸데없이 우리들의 삶을 흠집 내는 적군과도 같다는 생각을 하게 된다. 그러나 태풍이 바다 깊이 산소량을 풍성히 공급하여 어획량을 높이거나 플랑크톤이 살 수 있는 기회를 제공하기도 한다. 그럼에도 불구하고 과학적 사고로 대응한다해도 자연의 순리에 태풍은 여전히 공포와 두려움의 대상이 된다.

2년 전 태풍이 우리들이 종종 놀러 다니는 해변에 왔

었다. 태풍이 지난 얼마 후에 어머니와 오빠가 해변으로 조개잡이를 가셨던 것 같다. 부지런한 어머니, 눈썰미 좋은 화가인 오빠가 그날 조개를 캐다가 모래에 파묻힌 토기 모양의 작은 조각을 발견하게 된다. 이것이 무엇일까? 호기심이 많은 오빠의 직관을 따라 캐다 보니 점점 모양이 갖추어진 토기 모양의 무언가가 보였다고 한다.

이미 물살이 들어오기 시작한 시점이고 어머니와 함께 3시간 이상을 캐 보았지만 깊이 파묻혀 도저히 가져올 수 없게 되었다. 지혜로운 두 분은 멀리 해변가에 보이는 부표를 주어다가 묶어놓고 위치를 파악하기 위해 돌아서 나오게 되었다. 다른 부분이 묻혀 있는 것까지 발견하고 바쁘게 나오면서 근처에 갑옷을 입은 사람 모양의 얼굴 없는 늠름한 장수상을 발굴해서 가져오게 되었다. 곧바로 군청과 여러 기관에 신고를 하고 태안 해경에 전화로 도움을 요청했다. 출동한 해양경찰과 배를 타고 띄워놓은 부표를 통해 위치를 파악하고 끌어 올린 결과 용머리 취두를 수습하게 된다. 태안군청을 거쳐 국립해양문화재 연구소로 곧장 옮겨졌다고 한다.

바다에 묻혔던 완전한 보물

2019년 9월 19일 목요일 태안 해경에 걸려온 한 통의 전화로 발굴작업이 시작되었다는 뉴스의 기사처럼 긴 발굴의 시간을 기다리며 오빠는 기대감을 감추지 못했다. 오래전 안흥에서도 유물이 발견되어 국립태안해양유물전시관이 세워진 유래가 궁금하던 차에 2년이 지난 올 가을에 놀라운 소식을 접하게 되었다. 여러 뉴스와 신문에 기사화가 되어 잠자던 유물의 가치가 최고임이 증명되었다.

국립태안해양유물전시관은 이 유물이 조선 전기 왕실 지붕 장식기와 4점으로 그 중 취두 모양이 완전한 형태로 발굴된 건 처음이라고 평가를 했다. 미술을 전공하고 산업디자인 교수로 재직하고 코이카에 모로코 국왕이 최초로 미술교사를 요청한 바 쟁쟁한 경쟁을 뚫고 모로코에서 미술교사로 활동한 이력이 빛을 발한 것 같다. 오랜만에 예리한 감각으로 작은 점 하나를 통해 유물을 발굴하게 된 점이 놀랍기만 하다.

사람은 각자의 분량으로 필요한 일에 쓰임을 받는다는 것은 축복인 것 같다. 용머리 취두(鷲頭)는 기와지붕 모서리에 얹는 장식용인데 용을 그린 최고급 기와로 세

자도 못 쓰고 왕이 쓰는 건물에만 사용할 수 있었다는 귀한 용도의 기와를 발견한 게 감격스럽다. 이번에 발견한 취두의 용머리의 크기는 50~60kg의 무게로 조립식 형태인 두 조각으로 발견되어 약 120kg이 나간다고 한다. 신문에 난 기사에는 완전한 형태를 갖추고 있으며 임진왜란을 거치며 다 깨졌는데 온전한 취두 발굴을 처음이라는 전문가들의 해석이 실렸다. 발견자의 가족의 한 사람으로써 국가의 역사적 고증에 힘이 실리는 것 같아 기쁨이 크다. 중국 황실에만 쓸 수 있었던 용 모양의 취두가 조선의 역사가 중국과 견줄만한 상징인 용의 기와 모습에 오빠는 며칠간 감격과 흥분에 들떠 있다.

또 하나의 장수 상

무엇인가 예사롭지 않은 모습에 바다에서 들고나온 또 하나의 유물이 장수상이다. 미술가의 예리한 눈에 볼 수 있는 직감이 틀리지 않았다. 무릎에 올려진 다부진 손의 모습이 정말 믿음직스러웠다. 오른쪽 팔목은 잘려 나갔지만 손을 들고 있는 모습이다. 오빠의 말로는 큰 칼을 들고 있었을 것이라고 말한다. 갑옷도 마치 이순신 장군 같은 정교한 갑옷을 입고 있다. 모든 면에서 예술

적 가치가 뛰어나다고 했다. 안타깝게도 얼굴은 사라진 채 발굴이 되었다. 어떤 이유로 만들어진 것인지는 앞으로의 기나긴 발굴 작업을 통해 답을 얻게 될 것이다. 오랜 침묵을 깨고 역사의 증거자료가 되기 위해 태풍이 가져다 준 선물을 전문가들도 반기는 것에 큰 의미를 두게 된다. 앞으로 더욱 많은 이야기를 들려줄 발굴작업이 순항하기를 바란다.

조카는 뉴스를 보고 말했다. "그거 아빠가 어떻게 발견했을까? 아마도 할아버지가 알려준 것은 아닐까?"라고 했다. 웃음이 나왔다. 너무 뜻밖의 일들이 우리 가족의 일상에서 우연히 이뤄진 일이다 보니 아직 실감이 나지 않는다.

그렇다. 아버지는 오랜 동안 사학자로서 깊은 학문의 실력에 비해 지방에 묻혀서 끊임없이 지방의 유적을 찾고 연구했던 분이시니 조카의 말도 일리는 있다. 갑자기 돌아가신 아버지가 생각이 난다. 살아계셨다면 정말 기뻐했을 것이다. 살아생전에도 독립유공자 이종일 생가를 발견하여 기념관을 세우기까지의 수고가 생각이 난다. 정신적 지주를 발굴하여 도민들에게 삶의 가치를 부여해주셨던 아버지의 업적이 다시금 감사하게 느껴진다.

추석 성묘를 마친 뒤에 일이고 오빠는 부지런히 종종 산소를 돌보고 있었으니 하늘에서 아버지가 보내준 사인인지도 모르겠다. 난 아버지의 병 간호에 지치고 너무 가슴이 조여와서 성묘를 갈 염두도 못냈다. 어쩌면 하늘에 계신 아버지의 선물이 오빠에게 임한 것이라는 생각도 든다. 지방의 역사를 발굴하고 사랑했던 부친을 생각하고 오빠는 예리한 화가의 입장에서 발굴에 가치를 더하기를 바란다.

-『창조문예』· 2021년 10월호

어머니라는 의자를 생각하며

병원에 갈 채비를 하며
어머니께서 한 소식 던지신다
허리가 아프니까
세상이 다 의자로 보여야
꽃도 열매도, 그게 다
의자에 앉아 있는 것이여
주말엔
아버지 산소 좀 다녀와라
그래도 큰애 네가
아버지한테는 좋은 의자 아녔냐
이따가 침 맞고 와서는
참외밭에 지푸라기도 깔고
호박에 똬리도 받쳐야겠다

그것들도 식군데 의자를 내줘야지

싸우지 말고 살아라

결혼하고 애 낳고 사는 게 별거냐

그늘 좋고 풍경 좋은 데다가

의자 몇 개 내놓는 거여

— 이정록의 「의자」 전문

 이정록 시인의 제5시집에 있는 「의자」라는 시이다. 사람이 나약해지면 다 이렇게 모든 사물이 의자로 보인다는 말씀이 얼마나 따뜻한가? 어머니의 입에서 나온 일상의 언어는 시인을 통해 아름다운 시어로 탄생했다. 우리네의 투박한 일상을 보듬어 비단 보자기에 쌓아 두니 참 귀한 언어가 되었다. 이 시를 대하노라면 유영하는 물체들을 다 붙잡아 의자에 하나씩 앉게 하는 묘미를 맛보게 한다. 오페라의 사랑의 묘약처럼 서투른 말 한마디 한마디는 진정 우리에게 커다란 안식의 뜰에 내려놓은 기분이 든다.

 매주 월요일 대전에서 아산 호서대에 강의를 하러 갈 때면 라디오를 클래식 채널에 맞추고 마음의 양식을 얻으며 달린다. 마음의 창문이 열리며 한 주의 발걸음을 바쁘게 내딛는 나 역시 많은 의자들이 필요했구나 싶었다. 강의를 마치고 돌아오는 오후에 이정록 시인의 「의자」라는 시를 읽어주는데 내게 정작 내어 들여야 할 의자임에 마음이 조급해지기 시작했다. 집채만 한 안락의자가 되어 주신 나의 어머니가 떠올랐기 때문이다. 우리네 가족은 어머니라는 의자에 너무 많이 기대어 이미 낡고 삐거덕 소리가 날 정도로 고물이 되었는데 모두가 그 의자에 몸을 내맡기고 살아왔구나 싶은 게 마음의 빚을 갚을 길이 없다. 2013년 5월 19일이 팔순을 맞이하는 날이다. 18일 잔치를 해 드리려고 준비하고 있지만 마음에 보석 하나 달아 드리지 못할 것 같다. 여전히 어머니가 헤아리는 그 헤아림에 난 닿을 수 없기 때문이다. 어머니가 보시는 그 안목의 눈을 천 개의 눈을 가지고도 난 볼 수 없기 때문이다. 난 결코 어머니의 팔십 인생을 위로할 손바닥만 한 의자는커녕 방석조차 내 드리지 못하는 게 마음이 저리다.

모진 인생을 사랑이라는 등불을 밝히기 위해 인고의 기름으로 밝혀오신 어머니의 사랑엔 다른 류의 기름으로 피워낼 수 없다. 다 불순물일 뿐이다. 어머니가 살아온 방식은 마음을 오려내고 살을 태워 가며 밝혀온 사랑의 꽃이라서 우리네는 이런 꽃을 감히 피울 수가 없는 것이다. 오직 나의 어머니의 마음속에만 피어나는 생명의 꽃이며 사막에서 피어나는 선인장의 고귀한 '사브로라'의 꽃과 같다. 온 천지에 아름다운 그 어떤 꽃도 어머니 마음속에 홀로 피워낸 이 사랑의 꽃만큼 어여쁜 꽃은 없다. 인생의 가장 고달픈 언덕을 오르는 가파른 고비에도 어머니는 언제나 나의 용기이며 살아야 할 이유가 되어주셨다. 내가 이만큼 성장할 수 있었던 것은 어머니가 내 인생의 거름이 되어 주셨기 때문이다.

매순간 기다림의 고통 속에서 타 들어가는 어머니의 마음은 기꺼이 내 마음의 양분이 되어 고미나나 나를 살려 내셨다. 일생 어머니는 내게 많은 보석을 내어 주셨다. 맛있고 좋은 음식은 단 한 번도 자신이 먼저 드시지 않으셔서 어릴 적 내 어머니는 사과를 못 드시는 줄 알고 산 때도 있었다. 자식들에게 주시기 위해 본인은 사과 한 쪽도 드시지 않고 남겨주셨던 것이다. 친구가 집에 놀러 와서 사과를 내주셨을 때 친구가 우리 어머니에게 사과를 드시라고 하니 우리 엄마는 사과를 안 먹는다고 했단다. 하루 종일 걸려도 차려내지 못할 식탁도 언제나 나를 위해 하루에도 수없이 진수성찬을 차려내신다. 어머니 손에는 도깨비방망이쯤 들려 있다고 생각하는 게 낫다. 온갖 산나물이며 해물이며 고기며 필요할 때마다 산천을 헤매어서라도 가방에 가득 메어 왕의 상을 차려 내놓으신다. 이러한 일이 일 년 365일 거르지 않으신다. 그리고 본인은 하인처럼 먹는 것을 다 시중드시고 본인은 드시지 않으신다. 어릴 적부터 굶으신 게 아마 몸에 밴 것 같다. 몸무게도 38킬로에도 못 미치신다. 내게 할머니도 그러셨다. 상을 물리시면 우리가 먹는 동안 안 드시고 부엌 한편에서 남은 뼈다귀며 생선가시들을 발라 드시곤 하셨다. 이러한 사랑은 참 애달프다.

인내의 보석, 겸손의 보석, 절제의 보석, 헌신의 보석, 참 많은 보석들을 오빠의 가족들과 내게 필요할 때마다 내어 주신다. 지금 난 그분에게 모조품이라도 내어드려야 되는데 흉내도 낼 수가 없다. 이 세상의 많은 자녀가 어머니에게 어찌 빚을 지지 않겠는가? 그러나 내게 어머니가 안겨준 빚은 너무 크다. 나의 마음을 다 하여 내어 드려도 볼품없는 돌멩이들뿐이다. 그러나 내 어머니는 돌멩이를 보석인 줄 알고 가슴에 안고 흐뭇해하실 것이다. 쪼글거리는 얼굴의 나의 어머니가 환하게 웃는 모습이 보인다. 어머니의 생일잔치를 일생 처음 차리고 일생 처음 가족여행을 계획하였다. 어머니가 웃고 계신다. 나의 어머니가 웃고 계신다. 이런 날은 일생 우리 가족에게 처음 있는 날이다. 오빠와 내가 아버지의 생신상도 차려 드리지 못한 채 함께 이번 처음 생신상을 차린다. 하찮고 값싼 우리들의 사랑에 어머니는 아마도 가슴에 빛나는 보석을 달고 계실 것이다. 밤 하늘의 별처럼 남은 인생 헤아리며 사실 것이다.

어머니, 여기 앉아 쉬세요. 우리의 마음 내어 드리며 어머니를 불러 본다. 그래도 여전히 우리는 낡고 오래되어 삐거덕거리는 엄마라는 의자가 있는 집을 더 그리워하며 살 것이다. 5월 가정의 달, 마더 테레사 수녀님, 어머니 수잔나, 어머니 모니카, 장학금을 기탁해 주신 젓갈장수 어머니들이 자꾸 그리워진다. 우리에게 필요한 건 내 영혼이 숨 쉬고 살게 하는 어머니라는 영혼의 의자인 셈이다. 온 세상이 앉을 만한 영혼의 의자는 바로 어머니! 거룩한 성읍! 우리의 모든 수치를 다 씻어 주시는 편안한 성이신 어머니가 되어 사는 계절이 오리라.

- 『기독교문학』 • 2013년 제34호

바다의 정원

모닥불 소리

타닥 타닥! 모닥불이 타들어 가는 소리가 들린다. 익숙하고도 정겨운 소리와 냄새가 나는 쪽으로 발길이 멈췄다. 활활 뜨겁게 타오르는 장작불을 장식한 식당 한 켠에 사람들이 모여 든다. 연기로 인해 눈이 따가워도 그 따스함이 그리워 가까이 몸으로 온기를 느끼고 있는 중이다. 이 모닥불 소리는 누군가의 목소리와 많이 닮아 있어 갑자기 매우 친근감이 느껴졌다. 아! 순간 그건 어머니의 투박하고도 정겨운 목소리와 닮아 있었다. 그래서 익숙한 어감으로 가슴에 스며드는 노랫소리처럼 들렸던 것이다. 가까이 손을 내밀어 불을 쪼이는데 벌겋게 타오르는 나무 토막들이 재가 되기 전 서서히 꺼져가는 붉은 빛 기운을 다른 나무들로 옮겨가는 중이었다. 수명을 다 하듯 더 이상의 불꽃 소리도 들리지 않은 채 붉은 핏빛으로 멈춰 서 있다. 그 모습을 보는 순간 꺼져가는 어머니의 목숨 같아 가슴이 꽉 조여든다. 일생 뜨거운 열정으로 88세를 살아오신 어머니의 삶도 이미 재로 변해가는 중이라는 예감을 떨칠 수 없게 했다. 마당 한 켠에 타 들어가는 모닥불을 보고서야 어머니의 온기도 얼마 남지 않았다는 두려움이 엄습해온 것이다.

불꽃 앞에서 점점 싸늘해지는 이 느낌이 불안해진다. 연기를 마신 것처럼 숨이 막혀온다. 어머니의 시간이 얼마 남지 않았구나!라는 느낌에 순간 심한 공포가 밀려온다. 어머니 없이 나 홀로 남은 인생 저렇게 아름다운 불로 뜨겁게 살아갈 자신이 없기 때문이다. 어머니는 내 인생의 불씨가 되어 주었고 어머니를 통해 주님의 사랑을 읽어가기 때문이다. 어머니라는 거울 없이 나의 하루하루를 비춰 볼 수가 없기 때문이다.

어머니의 거울을 통해 삶의 무게를 저울질하며 나의 옳음과 그름을 판단할 능력이 부족하기 때문이다. 어머니의 부재를 갑작스럽지 않게 받아들일 시간이 필요하다. 저 꺼져가는 불기운이 다 사라지듯이 재처럼 가볍기만 한 어머니의 숨소리와 몸짓도 요즘 들어 날아갈 것만 같다. 어머니의 사랑은 이제 잿 속의 온기로만 옮겨가는 중이다. 이러한 사랑을 어떻게 지킬 수가 있겠는가? 나의 삶으로 다시 그 불꽃이 일어 설 수 있을까? 나는 어머니의 걸어온 길로 갈 용기가 없다. 그래서 그 뜨거운 사랑에 목이 마를 것이고 더 추위를 느낄 것 같아 벌써 두렵다.

별만큼의 사랑

어머니의 어릴 적 이야기가 듣고 싶다. 꿈 많은 소녀의 모습으로 자라던 모습이 보고 싶다. 이제는 내가 어머니의 엄마가 되어서 머리도 곱게 빗겨드리고 예쁜 색동옷도 입혀드리고 싶다. 어머니에게는 유년 시절이 없기 때문이다. 어머니가 들려준 엄마의 소녀의 이야기가 없기 때문이다. 엄마는 왜 소녀의 시대가 없었을까? 실상 어머니의 옛이야기는 듣고 싶지 않았다. 그냥 듣고 있노라면 슬퍼지고 힘이 빠지기 때문이다. 그런데 그 어머니의 이야기를 듣고 자라는 동안 사랑의 넓이와 크기를 보게 되었다.

인생에서 꼭 필요한 건 동정과 책임감임을 몸소 보여주셨다. 누군가에게 꼭 필요한 사람이 되기 위해 손과 발이 부르트도록 일하셨다. 그리하여 사람을 존중하고 아끼며 자비를 베풀며 때로는 풀리지 않는 악연에 몸부림치며 사셨다. 인간의 복잡한 관계 속에서는 미움의 그늘을 버티고 화목한 사랑의 길을 찾는 깊은 시름과 한숨이 내가 잠든 밤엔 눈물 젖은 이불이 되기도 했다. 별만큼의 특별한 사랑들을 수놓으며 내가 가는 길에 거친 비바람을 막아내는 법을 보여주셨다.

11남매 중 둘째 딸이었던 어머니는 대가족 속에서 인화에 힘쓰며 가장의 책임감을 지고 살았던 큰 외삼촌의 이야기를 종종하셨다. 이렇게 어머니는 어릴 적 먹을 걱정 입을 걱정 살이길 집 걱정 속에서 가족의 모든 삶을 책임져야 했던 가장의 무게를 덜기 위해 큰 외삼촌을 위로하는 눈치 빠른 소녀가 되어갔다. 자신을 사랑하기보다 가족을 사랑하는 일에 눈이 먼저 뜨였던 어머니의 소녀 시절이 애달프다. 이제 백발이 다 된 어머니에게 소녀의 가슴을 안겨주고 싶다. 머리도 빗겨드리고 입지 못했던 교복도 입혀드리고 싶고 고운 운동화도 신겨드리고 소풍을 가고 싶다.

바다를 닮은 어머니

어머니는 이제 겨울 바다가 되어 버리셨다. 더 이상 일상의 근심과 걱정을 털어 놓고 그 품속에 내던진 채 한가로이 여유를 부릴 수 있는 정원이 사라졌다. 나의 영원한 바다의 정원 같은 어머니의 마음이 이제 겨울 바다를 닮아 있다.

어머니! 엄마! 불러도 이제는 잘 못 들으실 때가 많다. 차라리 저 폭풍치며 고함치는 어머니의 호령소리가 그립다. 사실 나의 어머니는 고요한 바다이셨다. 일생 바다를 친구삼아 살아가셨던 어머니는 바다를 많이 닮아 있다. 막힌 마음을 해결하실 때도 바다로 달려가셨다. 먹을 것을 해결하기 위해서도 어머니의 어머니가 가셨던 바다로 달려가셨다. 바다로 한 번 가시면 좀처럼 돌아오시지 않아 어릴 적 바다 앞에서 하염없이 엄마를 기다리곤 했다.

어머니는 바다를 보시면 마음이 편해지고 기쁨을 얻으셨다. 바다가 내어 주는 낙지며 해초와 게와 고동들이 언제나 한 가득 바구니에 채워 가지고 돌아오셨다. 어머니는 사람들에게서 누리지 못한 위로를 바다에서 얻어 오셨다. 그 기쁨은 헤아릴 수 없을 만큼의 즐거움을 일생 누리고 계신다.

겨울바다를 닮은 어머니

88세이신 지금도 여전히 바다를 보물지도 보듯이 헤아리며 바다친구들을 그리고 계신다. 어머니는 바다가 내어 주는 풍요로움을 맛보시고 자신도 바다가 되어 온갖 부드러운 말과 지혜로 나를 보듬어 주셨다. 실로 나는 어머니의 품에서 바다를 배우고 바다 같은 사랑을 누렸다. 그런데 어머니가 언제부터인가 겨울 바다가 되어 가고 계신다.

더 이상의 어떤 이해성 많은 따뜻한 온기보다는 섭섭해하는 차가운 바닷물처럼 느낄 때가 더 많아진다. 쉽게 털어놓는 일상의 불평도 짜증을 내신다. 내 몸을 던져 함께 수영도 하며 장난치는 여름바다 같은 엄마와의 일상은 지난간 추억이 되어가고만 있다.

그러나 바라만 보아도 더 좋은 겨울 바다처럼 나의 어머니는 지금 겨울 바다가 되어 가고 있다. 내 앞에 어떤 말할 수 없는 낯선 몸짓들의 경계선을 그어가고 계신다. 내 몸을 내어 맡기고 어머니의 품에 더 이상 안길 수 없지만 지금 바라만 보아도 좋은 어머니로만 계신다. 때론 흰 거품 뿜어 내며 바위를 호령치며 덤벼드는 파도의 위용 같은 엄중한 야단에도 내 나이 이제 꿈쩍도 안 할 만큼 어머니의 바위가 되어 있다.

　종이 호랑이가 되신 어머니의 호령 앞에 담담히 서 있는 나는 어머니의 친밀한 바위가 되고 싶다. 그 목소리에 지혜와 판단의 호령이 쏟아지는 파도 같아도 나는 이제 담담히 그 파도의 부서짐을 즐길 시간이 된 것이다.

– 『창조문예』・2022년 1월호

하늘 바다의 그리움

구름 위에서 자다

망망대해 바다는 하늘을 닮아 있는 것만 같았다. 어릴 적 바닷가에서 자라난 이유인지 바다는 내게 늘 친근했다. 바다를 보면서 하늘을 날아가는 꿈을 꾸게 하였다. 사람의 손길이 쉽게 닿지 않는 곳, 창조의 신비함을 품고 있는 그 하늘의 끝자락이 바다에 닿아 있는 것만 같았다.

어릴 적 황혼이 깃들 무렵 태어났다고 한다. 커서도 그 황혼이 지는 바다를 내려다본다는 것은 엄청난 광경이었다. 무서운 전율과 함께 신이 하루의 일을 끝마치는 고단하고 엄숙한 장면을 본다는 것은 신과의 대면시간 같은 것이었다. 바다에 서서 수평선을 바라보면 수평선이 끝나는 지점이 어디로 향해 있는지 늘 궁금했다.

그럴 때마다 어김없이 태양은 내가 바라다보는 시간에 붉은 몸을 바다에 씻으러 내려왔다. 얼마나 온종일 자신의 몸을 불태웠는지 태양이 몸을 씻고난 바다는 붉은 핏빛으로 변하였다. 태양이 몸을 씻는 모습을 보는 장면은 너무 엄숙하고 진지했지만 나의 눈으로 바라다보는 것을 허락해 주었다. 그 후로 점점 수평선 끝이 큰 문이 있어 태양이 하루의 일과를 마치면 집으로 들어가는 길인 줄만 알았다.

드높은 하늘도 바다로 통하는 길이 있다는 것은 하늘로 가는 길의 그리움을 자라게 했다. 드넓은 바다를 거닐며 장엄한 자연의 아침과 저녁을 마주하던 광경은 아직도 내 가슴에 젖어 있다. 지금도 하늘이 그리운지 바다가 그리운지 모를 만큼 푸르른 빛에 늘 안정감과 위안을 삼는다. 출렁이는 바다의 소리, 그 쪽빛의 얼굴이 보고 싶던 차에 오랜만에 그리던 바다를 행해 지인들과 함께 하늘을 나르게 되었다.

짧은 50분쯤 되는 비행이었지만 순간 나도 모르는 달콤한 잠에 빠져 있었다. 잠에서 깨어나 보니 하늘의 구름 위에 누워 잠을 자고 있었다는 사실을 알게 되었다. 꿈에서나 상상할 일이 비행기를 타고 보니 나의 달콤한 잠이 구름 위에 누운 이유였음을 알게 되었다. 구름손이 나를 보듬고 달래어 주었구나 싶었다. 나도 모르는 사이에 하늘에 올라 구름 위에 단잠을 자고 나니 창 밖에 구름이 눈 앞에 가까이 떠있다. 지상에서 볼 때는 아득하기만 하더니 손 닿을 만한 곳에서 바라다보니 어디서 온 구름인지 또 어디로 갈 것인지 안부를 물어보고 싶었다. 내게로 와서 단잠을 자게 하였듯이 누군가에게로 날아가서 이슬이 되어 목마름을 달래어 줄 구름에게 마음의 인사를 전했다.

그리움의 벗

제주도에 가게 되면 그 집에 꼭 가보고 싶었지만 다른 일정늘로 밀리게 되어 늘 아쉬움이 남았었다. 이번엔 꼭 그 집으로 가자고 일정 속에 미리 일러 두었다. 난 그 집으로 향하는 마음에 이미 설레고 있었다. 어쩌면 바다를 사랑했던 바다로 생활고를 해결해야 했던 바다에 대한 공통점을 공유한다는 것이 좋았던 것이다.

다른 시공간 속에서 존재한 사람이었지만 같은 마음과 추억을 공유한 사람을 만난다는 것은 마치 오랜 친구를 만나는 기쁨과 같은 것이었다. 난 주로 이러한 친구들을 의지해서 살아 왔었다. 나의 마음을 이해하지 못해도 그 고독으로 인해 번민하기보다는 여전히 충분한 친구들을 만나는 즐거움이 있었다. 그것이 러시아의 대문호 톨스토이든 동양의 문호이든 그들의 글을 대할 때 난 어쩐지 다 그들의 글에서 위안을 받고 쉼을 얻을 수가 있었기 때문이다. 그리고 여전히 나를 이해하고 받아 주는 대자연 속에서 자라났기 때문에 그들이 나의 친구였다.

이러한 이유로 드디어 이중섭의 생가와 기념관과 그 주변의 상가를 들리게 되었다. 처음 마주한 것은 그가 가족들과 세 들어 살았다는 작은 초가집의 단칸방이었다. 빗줄기가 처량하게 그들의 눈물처럼 말을 걸어오듯 조금씩 내리고 있었다. 난 우산 없이 그 생가로 곧장 올라갔다.

작은 솥단지 두 개가 부엌에 놓여 있었다. 방 안에는 이중섭의 사진이 순례객들을 대신 맞이하고 있었다. 그 사진 옆으로 「소에게」라는 싯구가 걸려 있었다. 한 사람이 누워있기도 어려운 작은 방이었다. 예전 그의 글에서 돌아 누울 수도 밤에 화장실을 갔다 오면 누울 틈이 없었다는 말이 좀처럼 상상이 안되었지만 실제로 와보니 그의 글의 정감을 느끼게 된다. 그는 오히려 이 작은 방에서 가족이 서로 살을 부비며 사는 행복을 노래했다. 그 살을 부비며 살던 화가는 끝내 그 가족의 살 냄새를 그리워하다가 그리움의 병이 들어 이른 나이에 세상을 떠나게 된 이유라고 굳이 말하고 싶었다.

술 중독이 된 이유가 병의 사유는 아닌 것이다. 그가 때로 정신병원에서 치료해야 하는 원인도 그의 사망의 사유와는 먼 것이다. 그리움의 병에 걸려보지 않은 사람들은 그를 사망에 이르게 한 이유를 도통 알 수 없을 것이다.

나는 그를 보고 싶었다. 생활고에 시달려 일본 아내가 두 자녀와 함께 일본으로 떠난 후에 가족에 대한 그리움의 병에 시름시름 앓는다는 것을 누가 알 수 있었을까? 다만 그의 그림 속에 가족이 서로 알몸으로 얼키고 설켜 있는 그리움으로 남아 있을 뿐이다. 먹을것이 없어서 게를 많이 잡아 먹어서 게에게 미안하여 그의 그림 속에 게가 등장한다는 따뜻하고 여린 그의 마음이 아프게만 다가온다. 그는 눈을 크게 뜨고 있는 소에게서 힘을 얻고자 붉은 소의 그림을 그린 것 같아 나는 소의 그림을 보며 그 마음을 만진다.

바다의 해초 놀이

 이번 제주도의 일정은 무조건 해안도로로만 달려 그 푸르른 빛에 취해보고자 제안했다. 처음엔 약간의 회색의 바다 풍경이었지만 우리는 일제히 바다다! 와! 바다다! 라고 연신 이름을 불러 주었다. 잠시 후에 푸르른 바다에 차를 멈추고 화산암의 투박 하지만 속이 텅 빈 것 같은 스펀지 느낌의 바위 위를 걸어 성큼성큼 내려가게 되었다.

 구순에 가까운 어머니의 심성에도 딱 맞아 떨어졌다. 바다에 도착하자 어머니는 쏜살같이 신발을 갈아신고 바다에 들어가셔서 해초를 채취하기 시작했다. 바다에 흔하게 밀려 있는 미역귀며 해초들을 비닐 주머니 4개 분량에 순식간에 채워 넣으셨다. 서 있기조차 힘든 우리들보다 더 민첩한 어머니를 보자니 제주도에 해녀가 따로 없으시다. 어머니가 일생을 바다로 산으로 논으로 밭으로 일하시던 시절의 강인함이 아직도 몸에 남아 있었다. 나도 이제 어머니의 즐거움을 탓할 수 없는 나이가 들었다. 눈으로 즐기고 몸으로 느끼고 마음으로 노래하는 여행보다 어머니는 어디를 가든지 체험을 중시하신다. 울릉도에 가셨을 때도 산나물을 열심히 뜯으시면서 아슬

아슬한 곡예를 하시는 어머니 때문에 간담을 서늘하게 하셨단다. 어머니의 삶의 방정식이 오늘 내가 배부르게 먹고 세상 근심 없이 자랄 수 있었기에 그 눈물겨운 헌신에 어찌 내가 비난할 수 있으랴!

고향에 재산이 아무리 많아도 시어머니가 계시니 땅 한 평 팔아와서 우리를 번듯한 집에서 살게 할 수 없었단다. 그런 이유로 서울살이 우리의 삶은 늘 월세나 전셋집에서 살게 되면서 전기세나 물세를 가지고 주인과 타협하는 어머니의 목소리를 듣고 자라게 되었다. 우리는 결코 가난하지 않았지만 어머니의 삶의 방정식으로 가난한 삶을 택하여 절제와 근면의 삶을 살게 되었다. 그때 우리에게 먹여주신 양식이 용산시장으로 가셔서 주워오신 미역귀이며 배춧잎 들이었다. 어머니의 지혜로 우리 남매는 배곯지 않고 상당한 재력가인 친척집에 기대지 않고 도적질하지 않고 한숨 쉬지 않고 살아가는 방식을 택하셨던 것이다.

아버지의 기나긴 유학 시절의 어머니는 그렇게 효와 자식의 양육을 혼자 책임지시며 작은 체구로 버텨내신 내공을 여전히 지금도 발휘하고 계신다. 돌아오는 길에 어머니의 가방은 들 수가 없었다. 무거운 돌멩이를 집어 넣은 무게와 같았다. 이젠 가슴이 더 이상 아리지 않다. 이 방식은 어머니의 즐거움으로 선택한 길이기에 이젠 눈물 대신 나도 거들고 있다. 집에 와서 보니 어머니의 짐을 나눠 담은 가방이 축축이 젖어 있었다. 어머니의 애정과 사랑의 땀 같은 것이니 이제 별로 화도 나지 않는다. 내 주변에 그냥 바다의 냄새가 며칠 남아 좋은 것이다.

-『창조문예』· 2022년 8월호

4부

신앙의 소리

2015년부터 『기독교신문』에 연재한 절기 축하의 메시지와
감사의 글을 통해 믿음을 고백해 본다

참된 감사의 찬미

"감사함으로 여호와께 노래하며 수금으로 하나님께 찬양할지어다."(시편 147:7)

감사와 노래와 찬양은 보좌를 위한 것이다. 이 셋은 합하여 하나를 이룬다. 그래서 노래가 없는 감사, 찬양이 없는 감사는 다 완전하지 못하다.

"기도를 계속하고 기도에 감사함으로 깨어있으라"(골로새서 4:2) 기도와 감사도 한 짝이다. 감사함으로 나아가지 못하는 기도는 죽은 기도이며 하나님을 영화롭게 하는 기름을 예비할 수 없다. 기도하는 자의 입술의 열매는 항상 웃음이 가득하다. 감사의 기도가 고난으로 잉태하기 때문이다. 곤란 중에 드린 찬미의 제사는 하나님을 영화롭게 한다. 찬미는 하나님의 자녀들이 하는 일들 중에서 가장 높고 완전한 신앙의 예표이다. 영적 생명의 최고의 표출은 바로 하나님께 대한 찬미의 제사다. 하나님의 보좌는 우주 가운데서 하나님이 계신 가장 높은 곳이다. 이 보좌는 바로 이스라엘의 찬송으로 삼으신다. 하나님의 이름과 하나님의 자신은 바로 이 감사의 완전한 찬미로 인하여 높아지신다. 이러한 놀라운 섬김의 삶을 살아간 사람들이 바로 다윗이다. 그는 하루 세 번 하나님께 기도하라고 고백한다. 다니엘 또한 바벨론 적지에서 하루 세 번 기도를 한다. 이들의 찬미로 인해 하나님의 역사는 그들의 세대에 확실하고도 완전하게 나타났다.

이와 같은 예를 신약에서도 찾아볼 수 있다. 첫 번째 순교자인 스데반은 영안이 열려 인자가 하나님 우편에 서신 것을 찬미한다. 그의 보는 것으로 인해 돌에 맞아 죽음을 당할 때에도 자신의 영혼을 주께 의탁하는 믿음을 가졌다. 또한 용서하는 마음으로 죄인들을 받아들였다. 그 뿐인가 바울과 실라는 하나님의 영에 의해 아시아가 아닌 유럽에서 전도 사역시 크나큰 해를 입고 감옥에 갇혔을 때에도 역시 기도했다. 기도만 한 것이 아니라 찬송을 했다. 그 결과 갑자기 지진이 나서 옥 터가 움직이고 문이 다 열리며 모든 사람의 매인 것까지라도 풀어지게 하는 능력이 나타났다.

  다윗은 성령의 감동하심을 따라 찬미가 얼마나 중요한 가를 시인하였다. 기도는 하루 세 번 했지만 찬미는 일곱 번이나 했다. 더 나아가 레위인을 세워 하나님의 궤 앞에서 비파와 수금을 타며 하나님을 높이고 감사하며 찬양하게 하였다. 솔로몬 역시 성전 건축의 축성을 마친 후에 레위인에게 나팔을 불고 노래하며 모든 악기를 울리며 일제히 하나님을 찬송하게 한다. 구약에서 다윗과 솔로몬은 하나님이 기뻐하시는 찬미의 제사를 드렸다. 신약에서는 바울과 실라가 찬미의 제사를 드림으로 그 완전한 영적위치를 확보해 주었다. 여호와는 이스라엘의 찬미를 보좌로 삼으시기 때문에 우리도 마땅히 기도와 감사와 찬미의 제사를 드려야 한다.

  성경은 찬미의 제사를 중요시하고 있다. 이는 시편을 통해서 쉽게 알 수 있을 것이다. 그러나 시편에서는 찬미의 내용만 있는 것이 아니다. 말할 수 없는 고통의 흔적을 볼 수 있다. 마음에 큰 상처를 입고 하나님께 나아간 기록물이다. 마음에 심한 상처를 입고 그로 인해 하나님 앞에 나아가 그의 선하심과 인자하심을 의지하여 간구한다. 그 간구는 감사로 변한다. 그 감사는 곧 찬미로 변한다.

하나님에 의해 징계를 받고 고통 속에서 신음할 때 하나님께로부터 받은 고난을 원망으로 대치하지 않았다. 이는 하나님은 결코 실수로 매를 대시는 분이 아니시기 때문이다. 분명히 그 분은 선하시고 인자하시고 자비하심으로 인해 우리를 돌보시는 분이심을 알기 때문이다. 그로 인하여 매를 순히 맞고 하나님께 다만 '마땅합니다. 이로 인하여 저는 주께 합당치 않다고 대항하여 할 말이 없나이다.'라는 자세로 감사히 그 고난의 잔을 하나님의 손에서 받아 마실 수 있는 것이다.

이때의 감사의 노래는 기쁘고 즐거울 때 부르는 찬미가 아니다. 누구나 드릴 수 있는 감사의 예물이 아니다. 자기의 죽음을 받아들이고 그리스도 안에서 새롭게 되어 드리는 산 제물인 것이다. 이처럼 가장 높은 찬미의 소리는 어려움을 거치고 고난 속에서 너그럽게 된 자만이 부를 수 있는 참된 감사이다. 이런 감사의 찬미는 하나님을 기쁘게 해드리는 기름이며 즐거움의 보좌가 되어 드린다.

'찬미의 제사'는 희생을 통해 드려진다. 찬미는 곤고와 곤란 중에서 나오는 것이다. 제사는 무엇을 획득하여 드리는 것이 아니라 내 자신의 것을 희생하여 드리는 것이다. 내 자신의 손실이며, 내 자아의 깨어짐이며, 내 마음의 상처를 통해 하나님으로 찬미를 얻게 하는 길이다.

가장 어리석은 사람은 자신의 실패와 상처 앞에 원망하는 사람들이다. 많은 어려움을 만난 사람들은 때로 기도로 인하여 그 가운데서 나오려고 한다. 그러나 찬미로 인하여 모든 사슬은 벗어지고 고난에서 나온다는 사실을 주목해야한다. 찬송은 하나님을 향한 신뢰를 통해 흘러나오기 때문이다.

구약의 여호사밧 왕은 가장 겁이 많은 왕이었지만 감사와 찬송으로 인해 하나님의 은혜를 입은 자가 되었다. 모압자손과 암몬자손이 쳐들어 왔을 때 유대인들은 큰 두려움에 싸여 멸망에 갇혀있었다. 이때 여호사밧 왕은 여호와를 찬송하게 한다. "여호께 감사하세 그 자비하심이 영원하도다"를 시작할 때에 여호와께서 세일 산 사람들을 치셨던 것이다. 찬미보다 하나님의 손을 빨리 움직이게 하는 것이 없음을 보아야 한다.

오늘 우리에게 승리가 더디게 오는 것은 바로 고난의 잔을 합당히 마시는 자가 부족함에 있다. 또한 이 잔으로 인해 인자하신 하나님을 의지하여 찬송하며 노래하는 자가 부족하기 때문이다. 기도는 영적인 싸움이지만 감사의 찬미는 영적인 승리를 안겨다 주는 길이다. 흉악한 사탄을 물리치는 길은 기도이지만 완전한 승리는 감사의 찬미로 인해 주어졌다. 지금은 기도만이 아니라 믿음의 감사와 찬미로 왕의 보좌를 섬길 때이다. 찬미는 상처받은 마음만이 하나님을 향해 드릴 수 있는 가장 높은 감사임을 기억하자.

-『기독교신문』· 2015년 11월 1일자

마음과 말과 시가 익어가는 가을

열매가 있는 삶

쉘 실버스타인(Shel Silverstein, 1930~1999)의 『아낌없이 주는 나무(The Giving Tree)』가 다시 읽고 싶은 가을이다. 이 한 권의 책은 인생의 가치와 사랑의 미학으로 녹아 있다. 어쩌면 번역가 '아낌없이'라는 단어를 추가하여, 독자가 이미 다 알 수 있는 감정을 하나의 열매로 제시했기에 더 잘 그렇게 동의하고 있는 것인지도 모른다. 미국 시카고의 출생이며 음악가, 일러스트레이터, 만화가, 시인으로 그는 다양한 예술 활동가인 작가로 알려져 있다. 번뜩이는 그의 기지로 인생의 가을을 맞이하게 해주는 표현력을 빌자면 베푸는 인생의 길을 노래한다. 화려한 벚꽃의 축제 같은 인생도 아름답고 한 여름 녹음이 주는 청량감 같은 인생도 아름답지만 역시 참으로 좋은 건 안식을 가져다주는 가을 같은 결실의 삶이다.

'가을은 독서하기 좋은 계절'이란 말처럼 마음이 익어 가고 싶은 것이다. 하찮게 피는 들풀도 작은 씨앗으로 매달려 있는 걸 보면 다 아름답고 숭고해지기까지 하다. 열매를 가진다는 것은 참 아름다운 일이다. 그걸 가을이 오면 배우게 된다. 어떤 열매든 다 아름답고 눈길 가는 대로 신기하기만 하다.

어떤 자리에서든지 열매가 된다는 것은 주목받는 것이고 진기한 보석 같은 존재로 남는다. 우리는 누구에게든지 귀한 존재가 되고 싶다. 그걸 알기까지 많은 시행착오를 거쳐서 성숙의 때는 온다. 모두 너무 늦지 않기를 바랄 뿐이다. 오늘의 나의 수고와 노력 또는 눈물조차도 열매로 가는 통로가 된다면 얼마나 좋은 인생인가?

마음이 익는 계절

무엇이든 감사로 맞이하면 상처로 시름시름 앓는 마음보다는 평안의 열매를 얻을 수 있어 좋다. 미움의 가시 대신 용서하는 훈련을 하다 보면 인격의 품위로 요동치는 감정을 다스릴 수 있게 된다. 염려와 두려움의 번거로운 감정의 가지도 정리해 줘야만 된다. 이런 감정처리는 많은 서릿발 같은 시간을 통과한 후에 안심해도 되는 종착점에 이르게 된다. 서정주 시인의 말을 빌리면 한 송이의 국화꽃을 피우기 위해서도 소쩍새의 많은 울음이 필요했단다.

울고 있으면 경직된 마음이 녹아내리고, 경직된 몸의 무거운 족쇄도 풀리고, 원망도 풀리곤 한다. 눈물의 노동은 참으로 거룩한 신의 노동 같음을 배운다. 결실의 가을엔 산이 익어가고 황금빛으로 들녘이 익어가고 철새 날아가는 하늘만 바라봐도 눈물이 난다. 가슴으로 울고, 마음으로 울게 하는 가을은 회개의 열매로 잘못한 일을 참으로 많이도 지적해주니 마음도 익어간다.

말이 익는 계절

무엇보다 성경은 쓸모없는 말을 '가라지'라고 한다. '한담'(閑談)은 우리의 속을 비게 하고 공허하게 만든다고 경계하고 있다. 속에서 익히고 삶으로 살아내지 않는 언어는 바람같이 공허하다. 느끼고 체험하고 살아낸 말만이 생명의 씨앗이 되어 누군가의 가슴으로 날아가 치유가 되고 사랑으로 깨어난다. 이런 힘을 가진 사람이 딱 한 사람이 있었다. 우리는 그를 구주로 믿고 살아간다. 그럼에도 여전히 말과 삶과 가슴과 영혼이 하나에서 나온 말의 씨는 부족하다. 어디선가 들은 것, 정보를 통해 값없이 얻어낸 것, 신기하고 재미있는 말거리들로 무성한 잎사귀처럼 생명 없는 말이 너무 난무하다.

지금은 과연 정보의 시대로 언어가 소통하는 길이 사방에 열려있다. 그 통로로 언어는 오염되고 생명을 앗아만 간다. 누가 이 소통의 통로를 단절할 수 있겠는가? 누가 이 한담을 금할 수 있는가? 마음으로 낳은 언어만이 생명을 낳고 날아가는 대로 생기가 되어 줄 것이다. 원래 말은 생기였다. 살리는 것은 말이었다. 언어는 창조의 능력이었고 충만을 낳고 축복하고 완성해준다. 말이 회복되는 언어의 가을이 오길 모두 지금은 바라고 있다. 말의 열매는 어떻게 얻을 수 있는가? 한담을 그치라 하셨다. 가장 좋지 못한 상황을 바로 이 말이 만들기 때문이다.

가라지 성품

새끼 빼앗긴 암곰, 미련한 자, 조급한 자 중에서 어떤 경우를 가장 최악이라고 볼 수 있을까? 성경은 가장 최악의 상태를 '조급한 사람'(잠언 29:20)이라고 한다. 새끼 빼앗긴 암곰을 만나고도 살아남을 수 있는 사람이 있을까 싶다. 곰의 분노는 최고조가 되어 남김없이 할퀴고 사냥할 것이다. 생각만 해도 이런 상황은 만나지 말았으면싶다. 그런데 이보다 더 놀라운 상황은 미련한 자를 만나는 일이라고 한다. "차라리 새끼 빼앗긴 암곰을 만날지언정 미련한 일을 행하는 미련한 자를 만나지 말 것이니라"(잠언 17:12)

분노는 사람을 남김없이 태울 것이다. 그런데 분노보다 더 불행한 일은 미련한 자를 만나는 일이다. 왜일까? 오만 불손과 교만의 상징이요 심판과 멸망의 길이기 때문이다. 그런데 여기에 한 가지가 더 있다. 그것이 바로 조급함이다. 때로는 이 조급함이 일을 성사시키기도 하고 속도감이 있어서 민첩해 보이기도 하고 꼭 필요한 인품 같기도 하다. 그런데 성경은 분노하는 사람보다, 미련한 사람보다 가장 최악의 상황이 바로 이 조급함이라고 말한다. "네가 말이 조급한 사람을 보느냐 그보다 미련한 자에게 오히려 희망이 있느니라"(잠언 29:20)

잠언 21장 5절에서 말하는 조급한 자는 누구인가? '궁핍함에 이를 따름'이라고 했다. 또한 잠언 14장 29절에는

'마음이 조급한 자는 어리석음을 나타내느니라'고 말하고 있다.

시가 익는 계절

생산한 것이 아닌 얻은 것으로는 배부를 수가 없다. 들은 것은 지나가고 나의 인격을 조성하지 못한다. 그러나 체험하고 고통과 눈물 속에서 얻고 배운 말들은 '감사합니다'라는 말 한마디에도 살아 있다. 상대방으로 풍족함을 누리게 할 뿐 아니라 진심을 느끼고 마음을 나누게 된다. 그러나 말로만 하는 감사는 허무하고 냉소적이고 불편하고 괴롭다. 마음이 살찌지 않는다. 많은 사람들이 많은 인사를 받아도 여전히 마음이 배고픈 것은 죽은 언어가 많기 때문이다.

"마음이 조급한 자는 어리석음을 나타내느니라"(잠언 14:29), "진심어린 감사와 기쁨의 찬사들은 우리의 마음을 살찌우고 풍요롭게 할 것이다. 조급한 자의 마음이 지식을 깨닫고 어눌한 자의 혀가 민첩하여 말을 분명히 할 것이라"(이사야 32:4)

언어의 가을이 온다면 언어가 익어가는 소리 가득히 우리의 혀는 시가 되고 노래가 되어 완전한 말을 얻게 될 것이다. 그때에 우리는 "공의의 열매는 화평이요 공의의 결과는 영원한 평안과 안전"(이사야 32:17)이라는 가을을 맞이할 것이다. 오늘 우리는 고통 속에서 배운 감사라는 진심 어린 말 하나를 일상에 심어본다.

-『창조문예』· 2020년 10월호

그리스도인이 감사로 가는 길

 성숙된 그리스도인의 계절이 이 땅을 충만케 할 날이 가깝다. 그날을 위해 준비된 삶을 사는 자는 경로를 이탈하지 않는다. 시간을 허비하지 않고 인생의 값진 것을 잃어버리지 않고 목적지에 안착할 것이다. 그러니 수많은 그리스도인들이 어찌 이 정로에서 단 한 번도 이탈하지 않고 걸어왔겠는가? 돌아올 수 있는 길이 보이려면 영적인 시각에 빛을 얻을 때만이 가능한 것이다. 이 영적인 눈을 뜨게 하신 분이 계시니 바로 우리의 구주 예수이시다. 에덴에서부터 잃어버린 길은 주님께서 구원의 길이 되어 주셔서 인류는 많은 역경을 거쳐 이제는 사랑으로 충만한 나라에 이를 시간이 곧 가까이 오고 있다. 참으로 인류는 에덴에서부터 출발하여 잃어버린 동산으로 돌아가기까지 많은 경륜이 필요했을 것이다. 이 시대를 살아가는 우리들의 사명도 더 이상 잊지 말아야 할 것들을 지키는 데 있다.

기본으로 돌아가는 것이다. 생명의 가치는 죽은 것이 아님을 증명하는 데 있다. 생명은 바로 살아 있다는 것의 최고의 발현점에 도착해야 하는 것이다.

그렇다면 죽음의 특징이 무엇인지를 보게 된다면 우리들은 죽음의 건너편으로 쉽게 자리를 옮길 수 있지 않을까? 죽음, 곧 스올은 감사치 못하는 특징이 있다. 찬양하지 못한다. 감사하지 못하니 기쁨과 즐거움으로도 나가지 못한다. 바로 생명과 죽음의 차이는 여기에 있다. 하나님의 생명을 소유한 그리스도인들의 특징은 바로 감사하는 데 있는 것이다.

어떻게 감사하는가? 우리의 모든 일상은 감사할 일들로 넘쳐난다. 많은 사람들이 이러한 감사의 길을 가고 있는 것도 사실이다. 그럼에도 불구하고 우리는 더욱 감사 생활의 축복을 누리지 못하고 있다. 감사하면서도 깨어 있지 않기 때문이다. 감사와 깨어있는 감사에는 차이가 있다. 어떤 감사가 깨어 있는 것인가? 바로 죽음이, 사망이, 스올이, 파멸자인 어둠이 하지 못하는 점에 있다.

사망의 세력들은 주님 앞에 감사하지 못하며 주님 앞에 찬양하지 못하는 데 있다. 그러나 하나님의 사랑을 받은 자들은 특별히 깨어 있는 감사의 길을 걸어갔다. 기도에 감사함으로 깨어 있으라.(골로새서 4:2)

하나님 앞에서 감사함이 살아 있을 때 이것을 보고 깨어 있는 감사라고 한다. 이러한 감사는 바로 우리를 더욱 기름지고 평안한 축복의 동산을 만지게 하며 에덴을 잊지 않게 하며 그 길을 향해 나아가게 한다.

깨어있는 감사의 길을 걸어간 선진들은 아침과 저녁으로 감사의 찬양을 드리며 하루에 일곱 번씩 감사와 산양의 삶을 살았다. 이러한 길을 가는 사람들은 일상의 감사와 찬미 이전에 더 깊은 감정의 골짜기를 걸어간 사람들이었다. 바로 눈물의 골짜기이다. 사람의 감정 중에서 가장 깊고 깊은 감정은 기쁨, 웃음, 사랑을 뛰어넘어 바로 눈물이라는 감정에 있다. 깊은 슬픔으로 인하여 고통하고 원망하고 갈등의 골을 키우기보다 슬픔으로 인해 눈물의 감정을 배운 사람들은 진정한 감사의 노래를 부를 수 있었다. 슬픔이 분노케하는 이유도 되지만 그 슬픔을 눈물의 감정으로 나아가 주 앞에서 운 남자들은 특별히 우리가 감히 이를 수 없는 감사의 노래를 하늘에 바친 성인들이었다. 구원받은 사람들이 하는 첫 번째의 증거가 통회하는 마음으로 죄를 슬퍼하고 악을 미워하는 길을 걷게 된다. 그들이 흘린 눈물에는 에덴을 잃어버린 죄를 애통하는 눈물로 흘러 나와 눈물 없는 곳으로 인도받게 된다.

눈물을 흘리므로 진정한 감사의 노래를 부른 사람들 중에 다윗이 있다. 그의 눈물은 아무나 감당치 못할 슬픔을 주 앞에서 고백한 자이기에 그 눈물을 주님께서 병에 담아 헤아려 주시기를 고대하였다. "나의 눈물을 주의 병에 담으소서"(시편 56:8)라고 외치고 있지 않은가? 또한 눈물의 선지지 예레미야가 있다. 그리고 우리의 위대한 구주 예수님께서는 심한 통곡과 눈물로 간구와 소원을 올렸다. 히브리서 5장 7절의 기록처럼 눈물을 흘리며 천성을 향해 나아가셨다.

지금은 참으로 울지 않을 수 없는 환경 속에 처한 코로나19의 상황을 마주하고 있다. 분노와 갈등으로 마주하지 말고 성인들처럼 눈물을 흘릴 때이다. 그 흐르는 눈물의 감정은 우리의 슬픔을 씻어주며 눈물 없는 곳으로 안내할 것이다. 비겁한 자가 우는 것이 아님을 깨우쳐 눈물이 주는 최고의 감정에서 안식을 얻어 진정한 감사의 노래를 부르게 하려는 것이다. 천한 눈물은 사람들 앞에서 흘리는 눈물이지만 고귀한 눈물은 남모르게 침상의 이불을 적시며 울었던 성인들처럼 신 앞에 나아가 울며 감사를 배우게 된다. 은혜로운 전진이 있는 곳에는 슬픔을 눈물로 씻어내어 감사하던 사람들이 있었다. 지금도 바로 눈물로 감사하며 전진하기 좋은 때임이 분명하다.

— 『기독교신문』 • 2020년 11월 8일자

그리스도인의 감사생활

"곤란 중에 나를 너그럽게 하셨사오니"(시편 4:1)

너그러운 마음은 곤란한 일을 통해 마음의 연단을 당한 그리스도인들이 얻을 수 있는 옥토 밭이다. 난관에 부딪쳐 보지 않고는 모든 것을 섣부르게 판단하고 의기양양할 수 있다. 그러나 그리스도인들은 많은 곤란한 일을 겪은 후에 범사에 모든 것이 때가 있음을 알게 된다. 하나님의 정한 시간과 하나님께서 일하시는 때를 보는 지혜로운 마음을 얻게 된다. 구원과 회개와 은혜의 시간과 성숙의 때를 기다릴 수 있게 된다. 이런 너그러운 마음을 소유하게 될 때 진정한 감사의 노래를 부르게 된다. 우리는 이 사람이 누구인지 너무나도 잘 알고 있다. 모든 것을 다 잃어버린 한 사람이 오히려 기뻐하고 즐거워 할 수 있었다. 모든 것을 잃어버린 후에 모든 것을 다시 찾을 수 있는 하나님의 시간과 법칙 아래 놓이게 되었다. 이것은 진정한 자유에 이를 수 있는 지름길이 되어 주었다. 비로소 모든 것을 잃어버린 후에야 진정한 기쁨과 진정한 감사와 진정한 소망이 생긴 것이다. 그는 하나님의 법칙 아래에 놓이기 전에도 이미 넘치는 의욕과 소망이 있었다. 아마도 그의 삶은 모든 가능성으로 인해 그의 삶에 기쁨과 환희로 가득했을 것이다. 그러나 이런 기쁨은 다시는 맛보지 못하게 되고 모든 것을 잃어버리게 된다. 잃어버렸기 때문에 다행히도 영원히 변함없는 시간을 알게 되고 그 은혜를 감사하는 성숙한 내면을 소유하게 된다. 이 사람이 바로 우리 그리스도인들이 잘 알고 있는 돌아온 탕자 이야기이다.

자신의 능력과 그 유능함을 잃어버리기 전에는 자신에게 감사했고 즐거워했다. 그러나 자신에게 있던 물질과 명예와 자신감들을 잃어버리고 나서야 그는 진정으로 하나님이 보였고, 하나님께로 가는 자세를 배우게 되었다. 비로소 아버지 집에 있는 자비와 부요함과 너그러움에 대해 찬미하게 된다. 아버지 집에 있는 종들이 얼마나 많은 은혜와 자비가 넘쳐나는 삶인가를 알게 된다. 이런 아버지의 너그러움을 알게 되자 그는 집을 향해 돌아가고

자 마음을 정한다.

어떠한 마음으로 돌아가는가? 아버지가 옳았다는 것을 알게 되어 그 은혜를 찬미하며 감사하는 마음으로 돌아간다. 자신을 잃어버린 후에야 이 탕자는 비로소 아버지의 자비로움을 알게 된다. 모든 길이 차단된 후에야 하나님께로 돌아가는 길을 발견하게 된다. 진정한 감사란 내게로부터 오지 않는다는 것을 깨달을 자가 그리 많지 않다. 그러한 감사가 얼마나 위험하며 얼마나 깨어지기 쉬운 것인지 경험하기 전까지는 잘 모르게 된다. 그러나 일반적으로 이러한 상황에 이르러도 여전히 원망하고 실패의 원인들을 주변에 돌리기 일쑤이다. 모든 그리스도인들이 진정으로 감사하는 생활에 이를 수 있도록 이런 경험에 담대해지기를 바란다. 아버지의 집에 그 선하심과 인자하심이 얼마나 충만한가를 노래하는 때가 이를 것이다. 이것이야말로 모든 그리스도인들이 맞이하는 성숙한 시간이다.

나의 능력을 잃어버릴 때 하나님의 능력을 의지하여 감사하게 된다. 나의 기쁨을 빼앗기고 나서야 주님이 주신 기쁨을 누릴 수 있게 된다. 나의 길에서 실패하고 나서야 하나님의 길을 걷게 되는 평안을 누리게 된다. 이러한 그리스도인들은 부요한 그리스도인이며 모든 환경을 초월하여 이길 수 있는 진정한 승리자인 것이다. 이들이 살아가는 삶에서 나오는 모든 것의 감사는 하나님의 가능성에 두고 있다. 이런 영적인 눈이 열릴 때 자신의 실패와 헐벗음이 보이지 않는 진정한 감사의 자리에 이르게 된다. 이러한 감사는 아무도 빼앗지 못한다. 그가 당한 슬픔과 실패의 문제도 그의 기쁨을 제거할 수 없게 된다. 이 승리와 기쁨은 자신에게 나오지 않으며 하나님께로 나왔음을 보기 때문이다. 그리스도인의 진정한 감사생활이 가능한 것은 비로 하나님의 선하심과 인자하심을 발견할 때 가능해지는 것이다. 이러한 마음은 무엇인가? 자신이 어떤 곤란한 일을 당하여도 잘못되었다는 패배의식보다는 하나님은 옳으시다는 것을 찬미하는 것이다.

— 『기독교신문』 • 2022년 11월 13일자

죽음이 가져온 영원한 삶

피와 물의 역사

 십자가의 죽음을 통해 우리에게 주시려고 했던 주님의 증거는 바로 피와 물의 역사였다. 주님의 피를 흘리심으로 우리들의 죄를 해결하시고 의롭게 하심이 십자가 역사의 전부가 아닌 것이다. 십자가에서 흘리신 물을 통해 우리에게 부어주시려고 했던 것은 바로 주님의 생명인 것이다. 십자가를 통해 우리가 다만 주님의 피만 본다면 십자가의 일부만을 보는 것이다. 우리는 주님께서 지신 십자가의 역사가 오로지 대속에만 있지 않고 우리에게 영원한 생명을 주셨음을 알 때 부활의 기쁨을 누릴 수 있게 된다. 주님의 죽으심이 다만 나의 속죄로 끝난다면 우리는 영원히 사망을 이길 수 없는 것이다. 십자가의 위대함은 바로 속죄와 함께 주님의 생명을 우리에게 부어 주신 데 있다. 이로 인해 주님의 부활생명이 우리에게 흘러넘치는 은혜 가운데 살게 하셨기에 부활의 기쁨을 찬미하며 주님의 역사를 기념하는 것이다. 부활절의 의미를 시인하고 선포하며 크나큰 구원의 완성을 주 안에서 함께 이루어 나가는 것이다. 올해도 여전히 코로나의 위기 상황의 연장 속에 있으나 교회의 부활절기는 더 간절하다. 우리의 신앙고백으로 주님 보여주신 십자가의 죽음이 가져온 영원한 생명의 부요함을 누리는 예배가 절실해졌기 때문이다. 교회 안에 부활생명의 충만을 누리는 길은 분명한 믿음으로 진리를 고백하는 사명을 가지고 예배하는 것이다.

순종의 생명

주님의 부활 생명이 우리에게 가져다준 생명은 바로 순종의 생명이다. 우리는 다만 막연히 주님의 부활의 축제를 즐기려고 부활절을 예배하지는 않는다. 이제 장성한 그리스도인들은 그 주님의 부활생명이 내 안에도 있음으로 인하여 즐거이 주님의 증거에 참여하여 기뻐하는 예배를 드릴 수 있어야 한다. 그분의 생명이 우리 안에 있기 때문에 더 이상의 충돌이나 거역은 그리스도인의 공동체 안에 있을 수 없다. 나아가 자신의 주장이나 논리로 주님을 증거할 수도 없음을 알고 자아를 다 내려놓아야 한다. 아니 이미 우리는 십자가를 대할 때나 만찬을 통하여 우리의 죽음을 인식하고 있기 때문에 자아의 활동은 중지되는 곳 그곳이 교회인 것이다. 오직 온 세상 안에 실존하는 부활의 생명이 역사하는 곳 그곳이 부활하신 주님의 흔적을 남기신 교회뿐이다. 그러므로 교회는 가장 신선하고 흠이 없으며 온전한 주님의 몸으로 드러나고 지어지고 완성되어가는 곳이다. 우리의 눈으로 보이지 않으나 믿음의 눈으로는 볼 수 있는 곳 그곳이 바로 주님의 몸이신 교회인 것이다. 부활하신 주님을 찾는가? 그렇다면 우리는 다 믿음의 눈으로 교회가 부활하신 주님의 몸으로부터 나온 주님의 몸임을 보아야 한다. 부활절을 통해 우리가 반드시 보아야 하는 것이 바로 부활하신 주님의 몸인 교회이다.

사랑의 연합

주님의 몸 안에서 택하고 부르신 자들을 하나되게 하셨다. 부활의 기쁨을 누린다면 우리는 교회 공동체 안에서 서로 사랑으로 하나되는 기쁨을 누릴 수 있어야 한다.

빈부의 격차나, 지식의 유무와 상관없이 다만 주님의 형제이기 때문에 서로 사랑을 느낄 수 있어야 한다. 주님의 부활이 우리에게 가져다준 것은 주님의 많은 지체들을 우리에게 허락하셨다는 사실이다, 이것이 얼마나 놀라운 부요함인가! 주님 안에서 한 지체로 모여 우리의 성향은 다를지 몰라도 다 머리이신 주님을 위하는 공동의 목적으로만 움직인다. 서로의 목적으로 행하지 않고 오직 주님의 머리로부터 우리들의 역할을 부여받아 서로를 받으라는 말씀을 실천하는 곳이 바로 교회이다. 이렇게 교회 안에는 주님의 부활생명이 충만하여 하나님과 화목된 지체들로 세워져서 거룩한 하늘의 생명을 드러내게 된다.

겸손은 목송이다

주님의 부활생명이 우리 안에 부어짐으로 우리가 그의 자녀가 된 것이며 우리는 특별한 장소인 주님의 몸 안으로 부르심을 받았다. 그리고 특별한 삶인 주일의 예배를 통해 주님의 부활생명을 증명하고 충만케 하는 삶을 살고 있는 것이다. 주님의 부활생명은 겸손의 생명으로 드러나게 된다. 세상에서 볼 수 있는 겸손이 부활생명에서 온 겸손을 드러낼 수 있거나 비교할 수도 없다. 겸손의 생명은 오직 주님께로 왔다. "나는 마음이 온유하고 겸손하니……"(마태복음 11:29)라고 말씀하심으로 주님에게 있는 겸손은 부활하심으로 우리에게도 주셨다. 이 겸손의 생명을 드러내는 길은 오직 주의 명령에 복종할 때 온다. 오늘날 교회 안에 부활생명이 충만케 되려면 교회는 주님의 명령 안에 머물러야 한다. 아름다운 주님의 지상명령을 교회가 시행하며 주님께서 가르쳐준 명령 안에 주님의 부활 생명을 누리게 하셨다. 염려하지 말하라고 한 것은 하지 말아야 되고 기뻐하라고 하신 것은 행해야 함에 있다. 이 명령은 쉬우면서도 어렵다. 작은 일에 충성할 자가 많지 않다.

– 『기독교신문』 • 2022년 4월 17일자

사랑의 탄생

'하나님은 사랑'(요한일서 4:8)이기 때문에 세상을 위하여 예수님을 선물로 주실 수 있었다. 예수님도 하나님을 닮아 사람들에게 '영생'을 선물로 주셨다. 성도들도 예수님과 하나님을 본받아 서로 사랑함으로써 영생의 힘을 천국의 세력으로서 확장할 수 있다. 그러나 사람은 사랑에 힘쓸수록 생수에 목마르고 주리게 되어 다툼과 분노의 현상을 피할 수 없게 된다.

사람은 스스로 사랑을 실천할 수 없어 '의에 주리고 목마른 자'로써 고통해 보지 않는 자는 '생명수 샘물'을 간절히 구할 수 없게 된다. 이 힘을 소유할 자는 다만 목마른 자들에게 허락될 하늘 최대의 은총이다. 자기 자신에게 사랑이 없음을 한탄하고, 덕이 부족함을 부끄러워하고, 믿음이 연약한 연고임을 깨닫게 될 때 위로부터 부어진 생수를 맛볼 수 있게 된다. 사랑의 메마름으로 인한 괴로움은 순수한 양심의 호소력에서 나온다. 양심에 귀를 기울이지 않으면 무감각한 영혼으로 전락되기 십상이다. '돈이 없음을 걱정하지 말고 덕이 없음을 걱정하라' 외친 사람은 미국 100달러 지폐의 주인공 벤저민 프랭클린이다. 그리스도인에게 사랑이 없음을 애통할 때 참된 회개가 이루어지고 참된 그리스도의 형상을 회복할 수 있다. "이러므로 너희가 더욱 힘써 너희 믿음에 덕을, 덕에 지식을, 지식에 절제를, 절제에 인내를, 인내에 경건을, 경건에 형제 우애를, 형제 우애에 사랑을 공급하라"(베드로후서 1:5~7)

오늘날은 믿음도 좋고 공동체 내에 사랑도 풍성해 보인다. 그러나 그리스도인의 사랑은 비신자들의 사랑과 같은 선상에서 말할 수는 없다. 믿음은 덕을 쌓아 최종적인 사랑의 8단계까지 성장하는 데 뜻이 있음을 보여주고 있다. 그리스도인은 비신자들과 같은 색깔의 사랑을 전할 수는 없다. 이 보통의 정적인 사랑은 목마름을 느끼지 못한 채 연인끼리 혈육끼리 끈끈한 사랑을 나누는 데 주체할 수가 없을 만큼 넘쳐난다. 교회와 공동체 안에서도 사랑이 넘치는 것처럼 느껴질 뿐이다. 이러한 사랑은 참으로 유약하여 원수가 생기면 쉽게 깨어진다. 사랑이 무너지면 신앙도, 하나님도, 주님도 교회 공동체도 사라지게 된다. 사랑은 최대의 능력이며 기적이며 축복이며 인생을 행복의 길로 이끄는 힘이다.

사랑이란 불쌍히 여기며, 긍휼히 여기시고, 체휼하는 자비로운 역사이다. 사랑으로써 허다한 죄를 덮을 수 있다. 비신자들은 남의 허물을 용서하고 이해하는 것을 사랑이라고 말하지 않는다.

보통의 사랑은 가족과 그 외에 타인을 향한 정으로써 통한다. 그리스도인의 사랑은 여기서 멈추지 않고 모든 사람의 죄를 용서하여 원수까지라도 사랑할 수 있는 사랑을 소유하는 데 있다. 죄를 사하고 원수를 사랑하게 될 때 예수님을 소유하게 된다. 원수를 사랑하는 마음 없이 예수님을 사랑하는 유약한 믿음은 언제라도 배신하고 빼앗길 수 있다. 이러한 사랑이 내 속에 없음을 애통하게 될 때 생명수 샘물은 의에 목마른 자들의 것이 된다.

남의 잘못을 지적하고 분을 발할 것이 아니요, 그 허물을 용서하지 못하는 사랑의 부재를 호소할 때 사랑은 부어진다. 이를 사랑함으로써 예수님을 알고 그가 허락할 영생의 능력을 얻어 세상의 욕망을 죽이고 의에 대하여 부요해질 수 있다. 이 영생의 능력을 우리 몸에 실현하기 위해 잠시 원수를 대면하게 될 뿐이다.

돈이 부족해서 불행한 것이 아니었다. 일자리가 없어서, 배경이 없어서, 교회가, 사회가, 나라가 나를 외면했기 때문에 불행하였노라고 말할 수 없다. 불행의 원인은 예수님의 사랑을 받지 못했기 때문이다. 내 안에 예수님과 같은 사랑이 없기 때문이다. 오직 원수까지 사랑하는 사랑으로 성장할 때 모든 불행했던 마음은 그치고 평화의 노래를 부를 수 있게 되리라.

-『기독교문학』· 2009년 제30호

영적인 노동이 필요한 때

 땅의 결실을 누리는 계절이다. 하늘의 은총과 응답 없이 절로 이 풍성을 얻을 수가 없다. 당연한 이 진리를 의지하여 사는 사람들에겐 자신의 책무를 게을리하지 않고 살아가게 하는 힘이다. 진리가 다만 지식으로 와 있는 사람들에겐 결실을 위한 자신의 투자가 결여되어 있을 뿐이다. 씨를 뿌리고 땀을 흘려야 하는 대상도 존재 가치도 그냥 이상적으로만 머물기 쉽다. 진리의 가치를 인정하는 사람들은 내일을 염려하지 않고 산다. 다만 머리 위의 하늘을 우러러 응답을 묵묵히 기다리며 자신의 딛고 선 땅을 사랑한다.

 이러한 길을 걸어간 사람 중 '바르비종' 화파의 한 사람인 프랑스의 화가 장 프랑수아 밀레가 우리에게 말을 걸어온다. 그가 걸어온 삶으로 우리를 걸어가게 하고,

용기 있게 하고, 존경심을 자아내고 있기에 충분한 사람이다. 바로 고흐가 존경한 인물이기도 하다. 또한 박수근이 "그와 같은 화가가 되게 해달라"고 기도했던 인물로 생전에 실로 흠모했던 것으로 알려져 있기도 하다. 처절한 십자가의 흔적을 자신의 삶에 지닌 채 살았던 그에게 그의 그림은 인간이 추구해야 할 강력한 메시지들을 지니고 있다.

특별한 정규과정을 거치지 못한 그의 여정은 거친 광야를 개간하는 농부의 작업과도 같았을 것이다. 그는 살롱전에선 번번이 당선되지 않아 생활비를 걱정하면서 보내야 했다고 전해진다. 친구에게 자신이 그린 그림의 값을 따지지 말고 팔아달라고 사정을 한다. 애들이라도 먹여야 한다는 그의 부탁은 간절했다. 그럴지라도 그의 신념은 무너지지 않았다고 한다.

살롱 그림이나 그리게 하려는 의도에 굴복하지 않겠다고 선언한 그에게는 빈민 계급에 의한 혁명사상을 드러냈다는 비판을 받기도 한다. 단지 그는 농민으로 태어났고 농민으로 죽을 거라는 의지를 불태우며, 일하는 자의 모습을 단순하면서도 무게감 있는 터치로 그려내고 있다. 그래서인지 그의 그림은 산촌 벽지로부터 화려한 장소에까지 곳곳에 걸려있다. 씨 뿌리는 사람, 키질하는 사람, 이삭줍기, 수확하는 사람의 휴식, 감자 심는 사람 등……. 사람의 길을 담고 있다.

그 중에서 〈만종〉(1857~1859)에 나타난 메시지는 뚜렷한 선교의 메시지를 담고 있음이 실로 경탄하지 않을 수 없게 한다. 저녁노을이 다 사라질 즈음 먼 곳에 보일 듯 말 듯 교회의 종탑을 점처럼 찍어 놓는다. 자세히 보지 않으면 보이지 않는다. 그런데 그림의 두 주인공인 농부와 그의 아내는 하던 일을 멈추고 두 손을 모아 기도하고 있다. 이것이 전부인 그림의 내용이다. 그러나 무게 있는 메시지를 담고 있다. 선체석으로 사람들은 이 그림이 기도, 부부애, 노동을 의미한다고 한다. 이것은 바로 인간이 추구해야 할 세 가지의 차원이라고 정의한다. 땅을 일구며 사는 농부는 당연히 하늘에 순응하며 인간의 숭고한 차원을 실현하고 있는 것이다. 노동, 부부애, 기도 이 세 가지의 차원이 인간이 추구해야 할 덕목이면서 인간의 책무임을 아는 현시대의 사람들이 드물기 때문에 심금을 울리고 있다.

노동의 가치란 진정으로 내가 수고하고 노력한 것만을 얻기 위한 목적을 가지고 있다. 내가 땀을 흘려야 얻을 수 있는 몫을 바라는 것이어야 한다. 나의 땀 흘림 없이 얻은 것은 나의 것이 아닌 진리의 입장에서 노동은 그래서 신성한 의무이다.

부부애도 신이 부여한 신성한 책무이다. 기도 역시 그리스도인들이 이행해야 할 책임이다. 책임 없는 사람은 무질서를 초래하며 혼란스러운 정서와 기운으로 서로 협력하며 사는 사회를 어지럽힐 뿐이다. 자신의 자리와 위치에서 마땅히 자신이 본분을 다하는 것을 배우지 않는다면 사막에서도 꽃을 피우는 선인장 식물의 인고 앞에 우리의 풍족한 삶은 의미를 잃고 말 것이다. 그리스도인으로 태어나서 그리스도인답게 살아가야 함을 이렇게 조명해 주고 있다.

이러한 영적 노동의 대가가 시급한 작금에 '에볼라'라는 질병으로 전 세계가 두려워할 때에 생각나게 하는 하나님의 약속의 말씀은 충분한 우리의 도피처가 되어 주신다. 그의 인자하심과 선하심과 자비하심을 찬미하는 영적 노동이 결핍된다면 우리는 전염병에 안전할 수 없음을 볼 수 있어야 한다. 무겁지만 자신의 인생의 십자가를 짊어지고 죽음 같은 길로 들어선 산 제물의 삶을 살다 간 이들이 그리워지는 계절이다. 그들의 길이 충분히 우리 속에서 다시 채워지기를 바라본다. 책임을 다하려는 많은 영적 노동자들의 수고가 산 제물의 길에 그 참된 아름다움이 있었음을 알게 해 준다.

그래서 그리스도인으로 그리스도인답게 살려면 십자가로 나를 제거해야만 한다. 이러한 영적 노동의 고통을 선하고 자비하신 하나님의 사랑으로 찬미할 수 있는 가치가 숭고한 정신으로 고려되어야 할 때이다. 만종에 대한 사실과 다른 해석들을 뒤로하고 오직 기독교적인 시각으로 재조명된 바에 은혜를 누리고 배우고자 함을 부연한다.

- 『기독교문학』 · 2015년 제36호

하늘에 감사

『로마인 이야기』를 쓴 시오노 나나미 작가는 일본인이다. 그러나 그는 동양인으로 서양, 이탈리아를 독학으로 30년 넘게 연구하였다. 이탈리아로 건너가서 현장을 취재, 연구해가며 써 내려간 것이 로마 통사인 『로마인 이야기』이다. 그 나라의 역사를 탐구하여 대작을 발표해나가는 지구력과 작가의 생명력으로 인해 베네치아가 탄생하는 과정에 이르기까지 그의 관심사는 놀랍다. 일본인의 역사와 그 문화의 밑바탕에 깔려 있는 색깔을 낱낱이 파헤치는 사람은 바로 한국인 이어령 작가이다. 그의 글을 읽어보면 일본인보다 일본을 더 잘 알고 있는 것 같은 느낌을 받는다.

독일은 우리 그리스도인들에게 끊임없는 관심의 대상이 되어 왔다. 그곳엔 기독교 역사를 새롭게 한 개혁의 원초가 되었던 루터(Luther) 때문일 것이다. 그곳에 가고 그 역사를 회고하며 그 개혁의 중심에 서려고 수많은 사람들이 접근하고 있는 것이다. 새로운 도전과 에너지를 뿜어내고 성지순례자들의 발걸음을 재촉하는 루터의 사상은 어디쯤에서 그칠지 알 수 없는 도화선 같은 힘으로 작용한다. 그러나 위대한 나라의 중심에 유대의 역사 또한 역사적, 지리적, 성경적으로 자리하고 있다. 주전 420년경에 바벨론의 포로생활을 하던 느헤미야 또한 자신의 조국을 향해 아픈 눈물을 흘리며 회복을 고대한다. 그의 직업은 왕의 술잔을 드는 일이었다. 유대인으로서 술을 가까이하는 직업은 하찮은 일이거나 수치스러운 일이었을 것이다. 그러나 이 하찮은 일을 얼마나 큰일로 섬겼던지 왕의 눈에 들어 고국에 갈 기회를 얻게 된다.

오늘날 우리 기독교인들에게도 본업인 직업이 있다. 그것이 바로 제사장이라는 하나님을 섬기는 직업이다. 그러나 우리들은 세상에서 우리의 삶을 위한 수많은 업종에 종사하고 있다. 때로 명예와 관련된 직업에 자랑스럽게 일생을 바칠 수도 있다. 그럼에도 불구하고 이것은 우리의 부업이라는 사실을 인지해야만 한다. 우리의 주된 업무는 제사장이다. 부족한 종이 아니라 왕 같은 제사장(베드로전서 2:9)으로 세우셨다. 교회 안에서 권리를 주장하는 만인제사장직이 소극적인 의미로 축소될 수 없는 일이다. 왕 같은 제사장은 주님과 협업을 하기 때문에 부족할 것이 없는 신령한 의무(베드로전서 2:5)가 주어진 일이다. 우리는 하늘에 속해 있음으로 인해 하늘을 이 땅에 이루어지게 하는 일이 맡겨져 있다. 이 일로 인해 우리는 실로 감사해야만 한다. 하늘에 속한 시민권자(빌립보서 3:20)이기 때문이다. 하늘은 우리의 본질이며 교회의 본질이기 때문에 이 일에 관심을 가지고 사모하여 연구해야만 한다. 우리는 땅에 있지 않고 하늘에 있음을 감사해야 한다. 더 이상 육에 속하지 않고 영에 속하여 살기 때문에 감사해야 한다. 육에 속해 하나님을 더 이상 기쁘게 할 수 없는 삶은 끝난 것이다. 이제 영에 있기 때문에 영적인 생명으로 살아갈 수 있기에 호흡조차 하나님을 거스르지 않게 되어 감사해야만 한다. 영으로 충만한 사람을 영적인 사람이라고 부른다. 하나님의 생명 되신 주님의 영으로 충만하기 때문에 여전히 하늘나라에 관심을 가지고 살게 하신다.

교회의 본질이 하늘이기 때문에 순종은 자연스러운 것이다. 땅의 본질은 어둠에 속해 하나님을 거스르며 대적하여 공중 권세 잡은 자들의 자리에 나아가려고 한다.

그러나 이미 하늘은 주님께서 부활 후 승천하셔서 어둠을 다 물리치셨기에 순종만 있을 뿐이다. 이 하늘의 위치에 우리를 이끌어주신 주님의 구원사역에 감사해야만 한다. 우리의 구속의 위치가 하늘임에 감사해야만 한다. 하늘의 본질을 묵상하면서 감사해야만 한다. 이 본질이 사라지지 않도록 하늘의 위치에 서서 섬겨야 한다. 이로 인해 신령한 찬미의 제사를 드리는 제사장의 길로 가게 하신다. 이러한 찬미의 감사는 사탄의 훼방을 즉시 사라지게 하기 때문에 순종의 위치에 서서 감사하는 자들을 찾고 계신다. 하늘에 속한 나라를 받은 그리스도인들은 이 땅에 살지만 오늘 하늘에 살면서 하나님의 권위에 순종하는데 있다. 주님의 다스림을 내 안에 모든 사람들의 삶에 가져오게 해야 하는 사명자인 것이다. 오식 하늘에 속해 있음을 감사함으로 인해 주님의 다스리심이 회복되도록 찬미의 제사장으로 세우심을 또한 감사한다.

— 『기독교문학』 • 2018년 제39호

또 하나의 별이 지고

'이 세상에서 가장 성공한 일이란 무엇일까요?'라는 질문에 노신사는 주저없이 '그건 바로 사랑하는 사람입니다'라고 답했다. 이 사랑이란 위대한 업적을 남긴 특별한 내용이나 세간이 주목할 만한 사건이라고 생각했다. 그러나 그는 놀랍게도 가장 가까운 사람을 사랑하는 것이라고 했다. 가슴이 울컥했다. 그는 이미 사랑의 깊이를 알고 있었던 것이다.

왜 사랑이 중요한가에 대해서는 '사랑엔 거짓이 없다'는 말을 건네었다. 아마도 거짓 없는 세상을 끊임없이 소망하며 그러한 세상을 위해 살고자 했음을 느낄 수 있는 말이었다. 진실한 세상이 법제도화에서만 나오지 않는다는 깊은 성찰이 있었던 것이다. 위대한 사람은 바로 따뜻한 사랑이 깃든 가정에서 준비된다는 평범한 진리를 힘있게 말할 수 있는 이유이기도 하다.

거짓 없이 살기를 바라지만 우리가 얼마나 도덕적이고 진실된 삶을 추구해야만이 가능한 것인가?라는 인지를 하는 동안 사실 이 길에서 더 멀어지기 마련이다. 아! 그러나 진실도 거룩함도 깨끗함도 이 사랑 안에 머무는 동안 다 소유할 수 있다는 평범한 사실을 일깨워주고 있다. 우리들이 대부분 진실을 멀리서 찾기를 원하고 방황할 때 '사랑엔 거짓이 없나니'라는 종교적이며, 진지한 고백의 음성을 공중파에서 듣게 되는 순간 익숙한 음악처럼 내 마음은 즉시 깊은 평온이 찾아왔다. 이 깊은 성찰의 말 한마디가 듣는 이로 인해 얼마나 부요하고 힘있게 하는가! 가장 평범한 사랑이 우리를 얼마나 온전케 하는가를 다시 한번 들려주었다. 그리고 이 말은 서둘러 우리 곁을 떠나는 고별사가 되었다.

수많은 강연을 통해 이 시대 국민들의 마음을 어루만지고 소통하려 했던 한 사람이 지금 내게도 마지막 인사를 고한 것만 같다. 나는 그가 누구인지 잘 모른다. 그러나 그가 남긴 말들은 내 마음을 시원하게 해 주었다. 나는 그를 가까이서 얼굴을 마주하고 대면해 본 적이 없다. 그러나 방송에서 볼 때마다 늘 친근했다. 나는 그의 말을 다 이해할 수는 없었다. 다만 우리나라에 유명한 3대 철학자들의 범주에 속한 역할들을 하고 있다고 생각해 왔다. 많은 사람들이 그의 강연을 듣고 소망을 얻고 위안을 받는 걸 볼 때마다 누군가에게 정신적 지주가 되어주는 것이 기뻤다.

이 유명한 3명의 철학자들이 하나 둘 유명을 달리하고 100세가 넘으신 한 분만이 생존하고 있는 작금에 그에 버금가는 한 별이 졌다는 소식은 서글펐다. 그의 말이 내 삶을 다시 한번 힘주어 사랑의 길을 가게 하는 건 참 고마운 일이다. 그러나 이 평범한 사랑이 또한 얼마나 하기 어려운 일이던가? 가장 가까운 사람들을 사랑한다는 것이 그래서 위대한 삶을 만드는 것을 그는 이미 알고 있었던 것이다. 손목시계가 작은 톱니바퀴에 맞물려 돌아가듯이 이 사랑의 조화는 참으로 위대한 길임을 말해주고 싶었던 것이다. 사실 이러한 사랑이 결핍되고 힘이 들 때 우리는 때때로 멀리서 사랑을 구하며 안주하려고 한다.

가장 가까이 있는 사람을 사랑하는 것이 가장 성공한 사람이라는 말을 남긴 한 사람이 서둘러 지금 작별을 고했다. 또 하나의 별이 지고 말았다. 그가 없는 이 땅이 얼마나 쓸쓸할 것인가? 생각만 해도 마음이 우울해진다. 그의 별이 지고 나니 멀리 느껴졌던 그분이 늘 내 주변을 밝혀주고 토닥거려 준 한 어르신이었다는 생각이 든다.

그는 이 가을에 그가 온 하늘로 돌아갔다. 그가 들렀던 이 지구가 얼마나 쓸쓸하고 방황할 것인지 그도 알고 있을 것이다. 그래서 아마도 많은 글과 강연을 통해 사람들의 마음을 채우고 함께 고민하고 길을 찾으며 일생을 걸어왔는지도 모른다. 그냥 막연히 쓸쓸하다. 그가 남긴 많은 글과 음성이 회자될수록 더욱 그리워질 것이다. 그리고 그의 남긴 이 교훈이 많은 이의 마음을 따뜻하게 하며 더욱 빛나게 해 줄 것이다. 그는 이 땅을 떠나서도 여전히 우리와 함께 한다는 것이 위안이 되기도 한다.

그는 서둘러 하늘로 돌아가시만 사랑의 노래를 남기고 갔다. 그는 사랑의 위대함을 가르치며 누구나 다 성공을 거두는 기쁨의 삶을 건네고 갔다. 그는 이 땅의 등불로 있다가 꺼지고 말았지만 하늘의 별이 되어 그리운 자들의 마음속에 수많은 인생의 밤을 맞이할 때마다 또 다시 떠오르게 될 것이다. 영원히 지지 않는 별들이 되기를 꿈꾸며 우리들에게도 등불이 되어 살다가 하늘로 돌아가는 별이 되어 만나자고 웃으며 작별을 고한 것이다.

나도 이 위대함의 길을 갈 수 있기를 바란다. 작은 등불이 되어 또 다른 이에게 불을 밝히며 서로 따뜻이 기대어 사는 법을 깨우치고 싶다. 내 주변의 아주 사소하고도 작은 것들을 노래하고 사랑하며 존중하는 법을 깨우치고 싶다. 아주 사소한 것들에 감사하며 그 사소함의 존재들의 소중함을 볼 수 있는 눈을 주시도록 기도하는 마음으로 별들이 간 길을 가고 싶다.

― 『한국문학인』 · 2022년 겨울호

| 박정미 수필집 |

자연 그리고 어머니의 사랑

초판 발행일 2023년 1월 10일

지은이 박정미
펴낸이 임만호
펴낸곳 창조문예사
등 록 제16-2770호(2002. 7. 23)
주 소 서울 강남구 선릉로112길 36(삼성동) 창조빌딩 3F(우 : 06097)
전 화 02) 544-3468~9
F A X 02) 511-3920
E-mail holybooks@naver.com

ISBN 979-11-91797-25-1 03810
정 가 12,000원

* 잘못된 책은 바꾸어 드립니다.